KB139110

정치는 잘 모르는데요

나를 위해 알아야 할
가장 쉬운 정치 매뉴얼

정치는 잘 모르는데요

임진희·김연수·명영준
여혜민·장다예·정윤주 지음

21세기북스

이 책의 출발은 2016년 1학기 정치학특강 수업 때로 거슬러 올라간다. 그 무렵 국회의원 선거가 있었기 때문에, 이 수업에서는 선거를 주제로 공부했다. 그리고 수업을 듣는 학생들에게는 선거 유세장이나 후보 캠프를 찾아가서 직접 취재하고 관찰한 내용을 보고서로 제출하도록 했다. 대부분의 학생들이 열심히 수업에 임했고 보고서도 알차게 작성했다. 우리는 학기를 마친 후 뒤풀이 자리를 가졌고, 보고서에 다 담지 못한 이야기를 나눴다. 나도 그 자리에서 평소에 학생들에게 하고 싶었던 이야기를 했다. 정치학을 공부하는 대학생으로서 중학생, 고등학생 혹은 후배 대학생들을 대상으로 '정치'에 대한 이야기를 쉽게 만들어볼 의향이 없느냐고 물었다.

당시의 정치는 특히나 답답했던 시절이었다. 대통령은 무섭기만 했고 무능했고 너무 멀리 떨어져 있었다. 민주화 이후 20여 년이 흐른 시점이었지만 우리의 민주주의는 오히려 뒷걸음쳐가는 것 같기만 했다. 하지만 변화를 만들어내야 할 젊은 세대는 정치에 무관심해 보였다. 정치학을 공부하는 사람들이 뭔가 책임감을 갖고 자그마한 변화라도 만들어내야 하지 않을까 하는 생각을 갖고 있던 참이었다. 그런데 그 자리에서 몇몇 학생들이 나의 제안에 관심을 보였고 한번 해보겠다고 나섰다. 호응해준 것이 고마웠지만 사실 그때만 하더라도 학생들의 그런 마음가짐이 얼마나 갈지 확신이 없었다. 여름방학이 끝나고 새 학기가 시작될 무렵 일군의 학생들이 나를 찾아왔다. 후배들에게 들려줄 '정치'에 관한 책 작업을 제대로 해보겠다는 것이었다. 그렇게 이 책의 작업은 본격적으로 추진되기 시작했다.

그 후 이 책의 저자들은 자기들끼리 많은 토론과 회의를 가졌고, 가끔씩 나를 찾아와 그간의 진행 상황에 대한 의견을 묻곤 했다. 저자들은 정말 2년이라는 짧지 않은 시간 동안 열심히 이 책을 준비했다. 누구나 글을 쓸 때 가장 어려운 점은 독자가 이해하기 쉽게 그 내용을 전달해야 한다는 것이다. 여전히 배움의 길에 있는 학생들로서 그런 일은 더욱 힘들었을 것이다. 그래서 내가 이 책의 초안을 읽었을 때의 놀라움이 컸다. 이 책의 내용은 민주주의와 정치의 기본적인 개념을 충실하게 다루면서도 일상에서 쉽게 접할 수 있는 현상, 사건 등을 소재로 하여 그 의미와 중요성을 친절하게 잘 전달하고 있다.

이 책의 저자들에게 이 프로젝트를 제안했을 당시 내가 느꼈던 '답답함'은 우리 사회의 많은 이들이 함께 느끼고 있었다는 사실이 그해 가을과 겨울 대규모 촛불집회를 통해 확인되었다. 그리고 우리는 촛불집회를 통해 정치를 올바르게 이끄는 것은 다름 아닌 깨어 있는 시민이라는 사실을 깨닫게 되었다. 이 책은 바로 그런 점에 주목하면서, 정치는 정치인들의 것이 아니라 바로 우리들의 것이라는 사실을 새삼스레 일깨워준다. 이 책은 쉽고 재미있으면서도 우리 삶과 관련된 매우 중요한 이야기를 전해주고 있다. 그런 점에서 중고등학교 학생들뿐 아니라 정치를 불편하게만 바라보았던 일반 시민들에게도 이 책의 일독을 권한다.

마지막으로 2년간 학과 수업을 병행하면서 이 책의 작업을 진행하느라 힘들었을 이 책의 저자들에게 따뜻한 격려의 말과 큰 축하의 인사를 전한다.

2018년 6월

서울대학교 정치외교학부 강원택 교수

이 책을 통해
당신이 얻을 수 있는 것

> 인민을 위해 민주주의가 만들어졌지, 민주주의를 위해 인민이 만들어진
> 것은 아니다. 민주주의는 평범한 사람들을 위한 것이다.
> ― E. E. 샤츠슈나이더, 『절반의 인민주권』

이 책을 쓴 저희는 정치학을 공부하는 대학생입니다. 위대한 학자들
같은 뛰어난 지식이나 통찰은 전혀 없습니다. 수업 과제 리포트도 겨
우 써내는걸요. 하지만 이 책을 쓰는 데 있어 우리가 그들보다 내세
울 점이 있다면 아주 다른 배경을 가진 친구들과 정치에 관해 이야기
해본 경험일 겁니다.

이들과 이야기하며 내린 결론은, '다들 사실 정치를 잘 알면서 괜
히 더 어렵게 느낀다'는 것이었습니다. 종종 이들은 정치학을 배우는
저희보다 뛰어난 통찰을 지니고 있었지만, 몇 가지 생소한 용어들 때

문에 정치를 멀리하곤 했습니다.

이처럼 '솔직히 관심 있지만' 정치 뉴스는 어려워하는 이들을 위해 이 책을 썼습니다. 저희가 이 책을 통해 전해드리고 싶은 것은 3가지입니다.

하나는 '내가 원하는 세상을 정치의 언어로 표현하는 것'입니다. 정치의 언어는 2가지, 돈과 법입니다. 우리 돈을 걷고 쓰는 방식은 세금과 재정으로, 그리고 그렇게 쓰겠다는 합의는 법을 통해 실현됩니다. 이 책을 통해 정치인마다 제각기 내세우는 정책이 정말 좋은 정책인지, 내 입맛에 맞는지 판단하는 일이 쉬워지기를 바랍니다.

둘은 '지금 이 시대 한국 정치에 대한 이해'입니다. 역사책도 이론서도 아닌 실용서를 쓰고 싶었습니다. 정치 뉴스를 볼 때 정치인들이 왜 저렇게 행동하는지 이해하는 데 도움을 드리고자 최근 한국 정치 사례들을 중심으로 설명했습니다.

셋은 '우리 세대에게 닥친 문제들을 알아두는 것'입니다. 우리 세대가 먹고살기 위해 솔직히 걱정되는 문제들을 단원마다 실었습니다. 저희 지식이 짧아 옳고 그름을 속 시원하게 말하진 못했지만, 꼭 나누고 싶은 고민들을 허심탄회하게 써보았습니다.

샤츠슈나이더의 말마따나, 민주주의는 바로 당신을 위해 만들어졌습니다. 저희의 글을 통해 그동안 묵혀두었던 당신의 정치를 되찾아가시기를 진심으로 바랍니다.

차례

1장 정치의 시작 왜 필요한가

01 정부의 존재 이유

02 정치가 시끄럽고 비효율적인 이유

2장 정치의 재료 무엇을 넣어야 하는가

01 세금

3장 정치의 결과 무엇이 도출되는가

01 법

02 예산

4장 정치의 미래 어떻게 주인이 될 것인가

1장

정치의 시작

왜 필요한가

정부의 존재 이유

여러분은 언제 처음 인터넷을 써보았는가? 기억이 시작하는 어린 시절부터 자연스럽게 인터넷을 접했다면, 1999년 이후에 태어났을 확률이 높다. 1999년, 정부는 28조 원을 들여 전국에 초고속 인터넷망을 설치하는 계획을 발표했다. 그전까지 이미지 파일 하나 로딩하는 데 몇 분을 기다려야 했는지 생각해보면 지금 우리에겐 참 고마운 일이다. 하지만 여전히 28조 원은 상상도 가지 않는 큰 금액이다. 특히 그때 우리나라가 IMF 경제위기 직후였던 걸 감안하면 그 돈을 직장을 잃고 힘들어하는 가족들에게 나눠줄 수도 있지 않았을까? 여러분은 어떻게 생각하는가? 이런 생각들이 바로 정치의 시작이다. 그래서 어떤 정치학자는 이렇게 말하기도 했다. "정치란 누가 누구에게 무엇을 줄 것인가에 대한 것이다."[1]

나라가 우리한테 해주는 게 뭐야?

나라가 다 무슨 소용인가 싶을 때도 정말 많다. 평소에는 그 존재도 잊은 채로 살고 있는데, 가끔 세금 걷을 때만 나타난다. 그러면서 막상 곤경에 처해 민원을 넣을 때나 큰 재난이 닥쳤을 때는 어디서 뒷짐 지고 있는지 제때 대응한 적이 없어 보인다.

여기서 말하는 나라, 정확히는 '정부'와 비교할 만한 상대는 '시장'이다. 여기서 시장이란 눈에 보이는 재래시장, 대형할인점, 백화점이나 쇼핑몰뿐만 아니라 대가가 있는 교환 및 거래가 이루어지는 모든 활동을 일컫는다. 시장에서는 대체로 돈이 오가는 거래가 이루어지는데, 이런 거래에서는 쌍방이 원하는 시간과 장소에서 적절한 계약 조건과 양쪽이 동의하는 가격에 따라 돈과 물건이 교환된다. 그러니까 필요할 때에 합당한 값을 치르는 것이다.

이렇게 말하니 더더욱 정부가 한심해 보인다. 도대체 정부는 왜 존재하는 걸까? 굳이 정부가 끼어들지 않아도 사람들이 알아서 필요한 걸 만들거나 사서 쓸 텐데…. 정부도 나름의 쓸모가 있으니까 있겠거니 싶기는 한데, 정확히 왜 필요한지 설명하긴 쉽지 않다. 여러 위대한 학자들이 이에 대한 해답을 담은 유명한 저서들을 남겼는데, 이것들을 크게 2가지 설명으로 정리할 수 있다.

첫째, 아무도 못 만들거나 다들 만들기 싫어하지만, 사회에 꼭 필요한 것을 만든다.

대표적으로 군대가 있다. 지금처럼 정부가 국방이라는 역할을 맡지 않는다면 누가 군대를 이끌 수 있을까? 사람과 돈과 기술을 모을 수 있는 조직, 바로 기업이 있을 것이다. 하지만 이윤 극대화를 목적으로 삼는 기업이 돈이 안 되는 일을 할 수는 없다. 언제 쓸지도 모르고 다른 누군가에게 팔지도 못하고 비상시를 대비해 꼼짝없이 특정 지역에 묶어두어야 하는 군대를 키우는 데에는 소홀할 수밖에 없다. 무엇보다도 군대 이용 요금을 걷는 게 어렵다. 같은 땅에 살기만 하면 모두가 군대의 보호를 받는데, 기업이 이들을 한 명 한 명 찾아다니며 돈을 걷기란 여간 힘든 일이 아니다.

또 다른 예로는 법원이 있다. 두 개인이 하나의 땅을 두고 서로 자기 땅이라고 주장할 때, 어느 한쪽에 치우치지 않고 공정하게 판결해줄 누군가가 필요하다. 또 물건을 훔친 도둑이 피해자에게 배상하도록 요구해줄 누군가도 필요하다. 하지만 그 누군가를 시장에서 찾을 수는 없는 노릇이다. 다들 각자 자기에게 유리하도록 판결할 테니까. 이처럼 개인의 이익에서 비교적 자유로우면서도 돈과 기술과 인력을 충분히 끌어올 수 있는 존재로는 아직 정부를 대신할 것이 없다. 사적인 이익을 추구하는 민간 부문에서 만들 수 없거나, 만들려 하지 않는 것을 사회 전체에 제공하는 일은 저 먼 옛날 고대 국가가 탄생하면서부터 늘 정부가 맡아온 역할이었다. 어찌 보면 이것이 정부가 탄생한 이유라고도 할 수 있겠다.

시장 경기를 안정시키는 역할도 정부가 시장에 참여하는 또 한 가지 방법이다. 시장은 가만히 놔두면 불황과 호황을 반복하는데, 불황이든 호황이든 그 정도가 심하면 국민이 고통을 겪는다. 불황일 때는 실업자도 늘고 소득도 줄어드니 사람들이 지갑을 열지 않아 경기가 냉랭해진다. 반대로 호황일 때는 돈이 많아져서 다들 이것저것 더 사려고 하니 시장이 과열된다. 이때 정부가 개입해서 불황기에는 사주고 호황기에는 팔아주며 경기를 진정시킨다. 대표 사례로 미국의 '뉴딜 정책'을 꼽을 수 있다. 1930년대 미국이 대공황에 빠지자 정부는 일부러 각종 토목 공사를 벌이고 기업을 동원하고 사람들을 고용했다. 이는 다른 나라 이야기만은 아니다. 우리나라에서도 조선업이 불황일 때 정부가 군함이나 항공모함을 만들어달라고 주문한 사례가 있다.[2] 불황이라 살 사람이 없을 때 정부가 대신 사준 셈이다.

둘째, 시장이 챙기지 않는 '권리'를 보장한다.
정부는 '모든' 국민이 '마땅히' 누려야 한다고 생각하는 것을 만들어 나누어준다. 마땅히 누려야 하는 것을 '가치재'라고 부르는데, 모든 국민이 강제로 초등학교·중학교 교육을 받게 한 의무교육이 대표적인 예다. 그 바탕에는 모든 국민이 살아가는 데 필수 정보를 배울 권리가 있다는 생각이 자리 잡고 있다. 또 모든 국민은 최소한 먹고사는 것을 보장받아야 한다는 생각에서 기초생활보장 제도가 마련됐다. 돈을 벌 수 없는 상황에 있는 사람들에게 정부가 생계 유지비를 지원해야 한다는 것이다. 몇 년 전에 있었던 학교 '무상 급식' 논란도 마찬가지다. 부잣집 아이든 가난한 집 아이든 학교 급식을 먹일 책임은 사회 전체에 있으니 정부가 맡아야 한다는 논리다.

뉴스에서 볼 수 있는 굵직한 정책들은 대부분 이 두 번째 역할에 관한 것이라 할 정도로, 두 번째 역할에 대해서는 첫 번째 역할과는 달리 항상 논란이 많다. 논란이 생기는 근본적인 이유는 첫 번째 역할은 정부를 대신할 존재가 거의 없는 반면 두 번째 역할은 시장이 상당 부분 정부를 대신할 수 있기 때문이다. 어디까지 세금을 써야 하고, 어디까지 개인들이 자신의 돈으로 사야 하는지 사람마다 생각이 매우 다양하다. 물론 이때 국가는 세금으로 '무료' 또는 '아주 싼 값'으로 공급하는 반면, 시장에서는 가능한 한 높은 가격을 매긴다는 점을 꼭 고려해야 한다.

위 2가지 역할이 너무 중요하기에 정부가 필요하다는 데 생각이 모인다. 좀 못마땅하더라도 정치인들을 갈아치우면서 서투른 정부를 고쳐 쓰는 게 아예 없는 것보다 훨씬 낫다고 대다수 사람이 생각하는 것이다. 이것이 정부가 그렇게 욕을 먹으면서도 계속 유지되는 까닭이다.

숫자 너머 내용을 보아야 판단이 선다

위 2가지 역할이 한 번에 정부에 주어진 건 아니었다. 정부가 있고서 시장이 생긴 게 아니라, 사람들끼리의 교환이 먼저 일어난 다음에 정부가 서서히 발전했기 때문이다. 옛날 옛적에는 정부의 가장 중요한 역할이 전쟁을 치러 사회를 지키는 것이었다. 하지만 그 후 전쟁이 점점 줄어들고 사람들의 생활 수준이 나아지고 더 효율적인 시스템을 고안해내면서 정부가 맡는 범위가 점점 늘어났다.

지금 정부는 얼마나 많은 영역을 담당하고 있을까? [그림 1]에서처럼 중앙정부가 1년에 쓰는 돈만 해도 400조 원, 지방정부를 합하면 약 490조 원에 이른다. 우리나라의 2016년 GDP가 약 1,700조 원이라는 사실에 미루어보면, 이 나라에서 만들어지는 것의 29% 정도는 정부가 쓴다고 할 수 있다. 그리고 이 숫자는 꾸준히 커지고 있고 앞으로도 더 커질 것이다.

이처럼 정부가 점점 더 많은 일을 맡는 게 과연 좋기만 할까? 400조 원, 500조 원 혹은 29%면 정말 충분한가, 부족한가, 혹은 지나친가?

정치인이나 전문가들이 TV 뉴스나 시사 프로그램에 나와 'OECD 평균 대비'라는 말을 써가며 비교하는 모습을 종종 봤을 것이다. 하지만 정부 규모는 측정하는 방법에 따라 크게 차이가 나기도 하고 나라마다 정부가 돈을 쓰는 방식이나 겪어온 역사, 가지고 있는 가치관이 매우 다르기도 해서 단순히 비교하기는 쉽지 않다.

그림 1 중앙정부재정 총지출 규모 추이

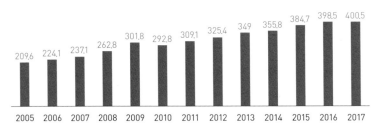

(단위: 조 원)

209.6　224.1　237.1　262.8　301.8　292.8　309.1　325.4　349　355.8　384.7　398.5　400.5

2005　2006　2007　2008　2009　2010　2011　2012　2013　2014　2015　2016　2017

출처: 기획재정부, 2017

　그렇기에 400조 원, 500조 원 등 이렇게 숫자만 가지고 싸워서는 결론이 나지 않는다. 정부의 규모는 결국 구체적인 정책 결과들의 총합일 뿐이기 때문이다. 그러니 단순히 계산되고 합해진 숫자 이면의 구체적인 내용을 살펴보아야 좋고 나쁨을 평가할 수 있다. 꼭 필요한 데만 쓰인 것이라면 다 같이 나눠 부담해야 할 몫이고, 쓸데없는 데 쓰였다면 줄여야 마땅하지 않을까? 논쟁이 있다면 충분히 이야기해서 타협하고 우선순위를 정해 몫을 나눠야 할 것이다.

　자세한 내용을 살피려면 무엇보다 숫자를 쪼개야 한다. [그림 2]를 살펴보자. 중앙정부가 2017년에 사용한 400조 5,000억 원을 내용에 따라 나누어보았다. 이에 따르면 2017년 우리나라 정부가 가장 많은 돈을 쓴 곳은 보건·복지·고용이다. 전체 재정의 3분의 1 정도가 쓰였다. 반대로 가장 적게 쓴 곳은 외교·통일이다. 이제 비교하기가 한결 수월해졌다. 북한 문제를 중요하게 생각하는 사람은 "다른 분

그림 2 중앙정부 분야별 예산

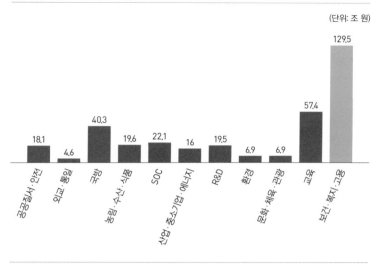

(단위: 조 원)

출처: 기획재정부, 2017

야에 비해 외교·통일 부분에 대한 정부의 투자가 부족한 것이 아니냐"고 말할 수 있다.

하지만 아직은 조금 막연하다. 보건·복지·고용은 세 분야를 묶어놓았으니 외교·통일 두 분야와 비교하는 건 공평하지 않다고 볼 수도 있다. 또한 직접 국민에게 현금을 주는 복지·고용 분야의 특성상 예산이 많이 쓰일 수밖에 없기도 하다.

그러면 한 번 더 쪼갠 [표 1]에서 보건·복지·고용 중 복지 분야를 예로 살펴보자. '보육·가족 및 여성'에 쓰는 돈보다 '노인·청소년'에 쓰는 돈이 2배 정도 더 많다. '보육·가족 및 여성'보다 '노인·청소년'

표 1 보건복지부 분야별 총지출 규모

(단위: 억 원, %)

	2015년 결산	2016년 본예산	2016년 추경(A)	2017년 예산(B)	증감 B−A	증감 (B−A)/A
사회복지	414,656	457,302	461,077	477,464	16,387	3.6
기초생활보장	88,897	89,571	92,022	94,223	2,201	2.4
취약계층 지원	21,330	21,893	22,336	22,905	569	2.5
공적 연금	158,508	192,509	192,509	201,984	9,475	4.9
보육·가족 및 여성	52,354	53,515	54,240	54,783	543	1.0
노인·청소년	86,532	92,148	92,304	95,563	3,259	3.5
사회복지 일반	7,035	7,666	7,666	8,006	340	4.4
보건	108,186	101,134	101,134	99,164	−1,970	−1.9
보건의료	30,735	23,274	23,274	23,353	79	0.3
건강보험	77,450	77,860	77,860	75,811	−2,049	−2.6
합계	522,841	558,436	562,211	576,628	14,417	2.6

출처: 기획재정부, 2017

에 2배의 돈을 쓰는 것이 좋은 결정이라고 생각하는가? '노인·청소년' 예산이 '보육·가족 및 여성' 예산보다 훨씬 빠르게 증가하고 있는 점에 대해서는 어떻게 보는가? 아직도 모호하다면, 더 좁혀보자. 이를테면 '노인 연금보다 무상 보육에 더 많은 돈을 써야 하는가?'의 질문에 대한 여러분의 생각은 무엇인가? 정부는 여러분의 생각대로 잘하고 있는가?

철학, 경제학, 정치학, 행정학을 연구하는 사람들에게 '(시장에 비해) 정부의 역할이 얼마나 커야 하는가?'는 영원한 토론 주제다. 쉽게 말하자면 학자들끼리 '편을 가르는' 중요한 기준이기도 하다. 그러나 큰 정부니 작은 정부니 하는 이야기들은 결론일 뿐 거기에 사람들의 삶은 없다. 예산이 몇 조 원이라거나 OECD 평균의 몇 %라거나 하는 인터넷 기사에서 그 숫자 하나가 들려주는 사실은 생각보다 많지 않다. 물론 숫자만큼 한눈에 보기 쉽고 비교하기 편한 것도 없기에 이 책에서도 그런 자료들이 계속 등장할 예정이다.

하지만 꼭 기억하자. 어마어마한 숫자보다 더 중요한 것은 한정된 살림살이로 '누가 누구에게 무엇을 줄 것인지'에 대한 결정, 바로 그 '내용'이다. 그리고 그것이 곧 정치다.

정치가 시끄럽고
비효율적인 이유

이제 정부가 무슨 일을 하는지는 대충 알겠다. 하지만 정치에 관심을 가지려고 해도 쉽지 않다. 정치 뉴스를 보면 다들 말로는 한마디씩 거드는데, 목소리가 큰 것이 일을 잘하는 것과는 도무지 관계가 없어 보이니 말이다. 정치인들은 신속하고 조용하게 일할 수는 없는 걸까? 물론 정치인과 공무원이 제대로 못 하는 일도 많지만, 알고 보면 정부가 하는 일들이 시끄럽고 비효율적인 데에는 2가지 이유가 있다. 그리고 이 이유들은 곧바로 '정치'의 의미와 직접적으로 맞닿아 있다.

비용 부담할 사람과 혜택받을 사람이 다르다

정치가 왜 이렇게 시끄럽냐는 질문에 답하자면 정치의 2가지 특징을 들 수 있다. 우선 정치의 가장 큰 특징은 돈을 낸다고 해서 꼭 돌려받는 건 아니라는 점이다.

우리가 평소에 부대끼는 시장은 작동 원리가 참 간단하다. 내가 낸 만큼 나에게 좋은 것이 돌아오는 것이다. 가격은 그 물건이 얼마만큼 좋거나 필요한지를 표현해준다. 예를 들어 당신은 이 책을 위해 이 책에 매겨진 가격만큼의 돈을 냈고, 그 결과 이 책을 가질 수 있게 되었다. 책을 살 때는 돈을 낸 사람도 당신이고, 그 대가로 책을 받은 사람도 당신이다.

반면 정부가 하는 일에서는 꼭 돈 낸 사람이 혜택을 본다고 말할 수 없다. 예컨대 9,900원짜리 치킨 하나를 사면서 당신도 모르게 낸 부가가치세 900원(당황할 필요는 없다. 부가가치세의 뜻은 다음 장에 등장한다)의 혜택이 당신에게 직접 돌아갈지 알 길이 없다. 방금 그 9,900원짜리 치킨을 국민 1,000만 명이 한 마리씩 사 먹었다고 해보자. 이렇게 모인 세금 99억 원 중 얼마를 국방비, 국회의원 월급, 공립학교 보조금으로 쓸지 결정하는 것이 정치의 몫이다. 이때 당신은 900원어치 혜택을 보았을까? 글쎄, 확인할 방법이 없다.

현실은 이보다 훨씬 더 복잡하다. 돈 나갈 곳이 국방비, 국회의원 월급, 공립학교 보조금밖에 없다면 훨씬 쉬울 텐데 말이다. 위 예시처럼 돈 쓸 일이 3~4가지라면 항목별로 고정된 가격을 매겨놓을 수 있다. 예를 들면 국방을 위해 9만 원, 국회의원 월급으로 1,000원, 공립학교 보조금으로 9,000원, 이렇게 1년에 1인당 10만 원씩 내라고 할 수도 있다. 그렇다면 시장에서와 마찬가지로 무엇을 위해 얼마를 내는지 명확히 알 수 있을 것이다. 공립학교에서 9,000원어치 혜택을 받고 있는지 평가하기도 한결 쉬워진다.

하지만 우리는 훨씬 더 복잡하고 다양한 일들을 나라에 기대한다. 이를테면 시장 경기가 좋아지기를, 우리나라의 과학기술이 발전하기를, 가난한 사람들도 마음껏 전기를 쓰고 학교에 다니며 겨울을 따뜻하게 날 수 있기를 바란다. 그러나 이런 목표들은 정확한 숫자로 가격을 매기기 쉽지 않다. 일단 돈을 먼저 모으고서 돈을 쓰는 방식을 따로 정하는 까닭이 여기에 있다.

따라서 요즘 시대의 정치는 나라가 국민에게 해줄 수 있는 일들의 '세트 상품'을 '공동구매'하는 과정이라고 할 수 있다. 나라에 바라는 온갖 어렵고 복잡한 일들을 한데 묶어 국민이 세금을 나눠 내고 구입하는 셈이다.

세트 상품의 어느 부분을 누가 얼마나 가져가는지는 아무도 모를 일이다. 정치가 시끄러울 수밖에 없는 첫 번째 이유다.

성과가 불확실하다

정치가 시끄럽고 비효율적인 두 번째 이유는 돈 들인다고 그만큼 성과가 나올지 측정하기 어렵기 때문이다. 일반적으로 돈을 써야 할지 결정할 때면 단순하게 효용이 비용보다 큰지 보면 된다. 기업이 기계 설비를 하나 더 사야 할지 고민이 되면 그 기계를 이용해서 물건을 팔 때 기계 가격보다 많이 남길 수 있는지를 계산해보면 된다.

정부도 300억 원 이상의 큰돈이 드는 사업을 결정할 때, '사업 타당성 조사'라는 걸 진행한다. 효용이 큰지 비용이 큰지 계산해보는 과정이다. 하지만 정부가 도로를 놓을 때는 앞서 기업이 기계를 살 때보다 셈을 하기 어려워진다.

우선 효용 자체를 측정하기 어렵다. 단순히 도로를 놓아서 벌게 될 사용료를 계산하는 게 아니기 때문이다. 도로를 새로 놓으면 교통 체증이 해결되는지, 한 지역에서 다른 지역으로의 이동이 편리해지고 지역 간의 교류가 활발해지는지를 모두 고려해야 한다.

마찬가지로 비용을 측정하기도 쉽지 않다. 도로를 짓는 건설 비용뿐만 아니라 환경에 끼칠 악영향도 비용 계산에 들어가기 때문이다. 이처럼 '(효용)−(비용)' 뺄셈에 들어갈 '효용'과 '비용'에 숫자를 매기는 일이 가장 어려운 대목이다.

예를 하나 보자. 현대경제연구원은 2018년 평창 동계올림픽을 유치하면 약 64조 9,000억 원의 부가가치가 창출될 것이라고 발표한 바있다.[3] 구체적으로는 총투자 금액이 7조 2,500억 원, 소비 지출 효과가 47조 원, 관광 효과가 앞으로 10년간 32조 2,000억 원, 그 외에도 국가 브랜드 제고를 통한 경제적인 효과가 있다는 주장이다. 이에 대해 어떻게 생각하는가? 과연 평창 동계올림픽을 치르고 나면, 2028년까지 평창에 훨씬 많은 관광객이 올까?

사람마다 생각이 다르고, 계산 방법마다 결과가 다를 수밖에 없는 질문이다. 이처럼 똑같은 사업을 두고 어떤 사람은 얻는 게 잃는 것보다 훨씬 크다고 하고 다른 사람은 잃는 게 얻는 것보다 훨씬 크다고 주장하는 일이 벌어지게 된다. 이것이 바로 정치가 시끄러운 두 번째 이유다.

그래서 이해관계자들의 정치가 생긴다

정리하자면 이 2가지 이유로 정치는 늘 시끄럽다. 돈을 낼 사람과 혜택을 받을 사람이 다르니 돈을 낼 사람은 무조건 적게 내려고 하고 혜택을 받을 사람은 더 많이 사자고 한다. 또한 돈을 낼 사람과 혜택을 받을 사람이 같다고 하더라도 한 사업이 제값을 하는지 못 하는

지 사람마다 생각이 제각각이다.

이처럼 가격을 결정할 수 없는 상황에서는 이해관계자들의 정치가 벌어진다. 하나의 정부 사업에 관한 이해관계자로는 표를 받고 싶은 정치인, 일을 덜 하고 싶은 공무원, 혜택을 받을 사람들, 비용을 부담할 사람들이 있다. 이때 비용을 부담할 사람들과 혜택을 받을 사람들 중 누가 더 정치인에게 힘을 또는 표를 모아줄 수 있을지에 따라 사업 추진 여부가 결정된다.

이처럼 정치인이 힘을 모아줄 집단을 '고객'으로 모시는 현상을 '고객 정치'라고 부르기도 한다. 민주주의 사회에서 어떤 정부 사업으로 혜택을 입는 사람들은 누구인지 명확하고 서로 뭉쳐 협력하는 반면, 비용을 부담하는 사람들은 누구인지 불명확하고 퍼져 있다면 이때 정치인은 잘 뭉쳐 있는 사람들이 자기에게 확실히 표를 줄 것이라 생각하고 '고객'들을 모시기 위해 해당 사업을 추진하게 된다는 것이다. 농산물 가격을 높게 유지하거나, 의사 수를 적게 유지하는 정책이 고객 정치의 대표 예시다. 각 경우에서 농가와 의사들은 높은 가격으로 이득을 볼 수 있는 수혜자들이 된다.

반대로 비용 부담자들은 잘 뭉쳐 있고 수혜자들은 모호하다면 어떤 일이 발생할까? 정치인 입장에서는 그 정책을 추진할 이유가 없어진다. 공장의 폐수 배출을 제한하는 정책이 여기에 해당한다. 비용을 부담해야 할 이는 명백히 공장들이고, 폐수 배출 제한의 혜택을 입을 이들은 깨끗한 물을 사용할 주민들이다. 웬만큼 수질 문제가 심각하지 않다면 주민들이 뭉치는 것보다 당장 벌금을 물게 될 절

표 2 규제 정치의 유형4

	사람들이 느끼기에 이 정책의 비용은 거의 없거나, 많은 사람이 조금씩 나눠 분담한다	사람들이 느끼기에 이 정책의 비용은 특정한 소수가 집중적으로 떠맡는다
사람들이 느끼기에 이 정책으로 많은 사람이 골고루 혜택받는다	**다수결 정치** 정치적 위험과 논란의 여지가 적다 따라서 정치가들은 관료가 정책 결정을 하도록 <u>내버려둔다</u>	**기업가 정치** 정책을 반대하는 사람들은 잘 뭉치는데 지지하는 사람들은 잘 뭉치지 못한다 따라서 정치가들은 정책 문제를 <u>무시한다</u> 예) 공장 폐수 규제
사람들이 느끼기에 이 정책으로 특정한 소수가 집중적으로 혜택받는다	**고객 정치** 정책을 지지하는 사람들은 잘 뭉치는데 반대하는 사람들은 잘 뭉치지 못한다 따라서 정치가들은 지지자들의 표를 얻기 위해 <u>신속하게 혜택을 제공한다</u> 예) 택시 사업 인가	**이익집단 정치** 정책의 지지자와 반대자가 모두 잘 뭉친다 따라서 정치가들은 어느 쪽이 다수인지 확실해질 때까지 <u>조심스럽게 행동한다</u> 예) 최저임금 인상

출처: Wilson, 1980

실한 처지의 공장주들이 뭉칠 가능성이 더 크다. 따라서 정치인들은 폐수 규제를 애써 추진하지 않을 확률이 높다.

다른 경우의 수도 있다. 만약 비용 부담자와 수혜자 모두가 잘 조직되었고 큰 관심을 갖는 주제라면 온갖 쟁점을 두고 이해관계자들이 편을 갈라 첨예하게 대립할 것이다. 반대로 양쪽 다 조직되어 있지 않은 주제라면 관심을 두는 이들이 거의 없어진다.

결론적으로 정답이 없는 문제에 관해 이해관계자들이 뭉쳐서 목소리를 내기 때문에 정치가 시끄러웠던 것이다. 더 단단히 뭉치고 더 크게 목소리를 높일 때 고객 대접을 받을 수 있으니 말이다.

주인이 돈과 사람을 넣으면 대리인을 거쳐
법과 예산이 나온다

위 이야기의 교훈은 명확하다. 여럿이 뭉쳐서 목소리를 내야 고객으로서 대접을 받을 수 있다는 것이다. 그 방법은 크게 2가지다. 돈을 모아주거나 표를 모아주는 것. 원하는 세상의 모습이 비슷한 사람끼리 더 많이, 더 잘 뭉치기 위해 시민단체와 이익집단들이 만들어지고 정당이 존재한다. 그리고 이익집단과 정당들은 생각이 비슷한 대리인에게 돈 또는 표를 모아준다.

이렇게 돈과 표를 모은 대리인은 온갖 정치 과정을 거쳐 자신을 응원해주는 주인들이 원하는 세상을 만드는 일을 돕는다. 구체적으로는 법이나 예산을 만들어서 정부 사업을 추진하고 누군가에게 이익을 준다.

주인이 돈과 사람을 대리인에게 모아주면 대리인이 만드는 법과 예산으로 주인이 원하는 세상이 한 발짝 가까워지는 것, 이를 '정치 과정'이라고 한다.

이제 다음 장부터 이어갈 이야기는 모두 한국의 정치 과정에 관한 것이다. 주인이 대리인에게 돈과 사람을 주고 대리인이 법과 예산을 주인에게 돌려주는 과정 말이다. 이 과정을 잘 이해한다면 정치인들의 이런저런 행보가 어느 주인에게 봉사하는 일인지, 내가 지지하는 대리인은 내가 원하는 법과 예산을 만들고 있는지 확인할 수 있을 것이다. '고객' 대접, '주인' 대접받는 법, 지금부터 알아보자.

주인은 어떻게 주인이 되었나?

그림 3 민주주의 지수

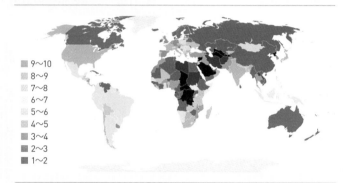

9~10
8~9
7~8
6~7
5~6
4~5
3~4
2~3
1~2

출처: Economist Intelligence Unit, 2016

[그림 3]의 세계지도는 민주주의 발전 정도를 명암으로 나타낸 그림이다. 파란색이 짙을수록 민주주의가 성숙한 나라고 검은색이 짙을수록 민주주의가 자리 잡지 못한 나라다.

우리는 민주주의 국가에서 태어나 그 속에서 살아가지만 민주주의, 곧 나라의 주인은 국민이라는 생각이 언제나 당연한 것은 절대 아니었다. 주인이 누구인지, 즉 '누가 누구에게 무엇을 줄 것인지'를 결정하는 권위에 대해서는 역사적으로 크게 3가지 믿음이 존재해왔다.

우선 나라가 새로이 세워질 때는 대체로 강력한 리더가 등장하곤 했다. '가장 놀라운 일을 일으키는 위대한 사람이 결정하게 하자!' 이것이 사람들의 생각이다. 주인으로 인정받을 수 있는 놀라운 능력들의 예시로는 날씨 예측, 뛰어난 사냥 능력, 심지어 치아 개수가 가장 많은 것 등이 있었다. 그리고 특히 전쟁 영웅에 대한 믿음은 그 무엇보다도 강력했다. 전쟁의 승패는 나라 전체의 운명을 결정했기 때문이다.

하지만 영웅의 한계는 영웅이 죽는 순간 드러난다. 언제 나타날지 모르는 다음 영웅을 손 놓고 기다릴 수만은 없으니 후계가 항상 골칫거리인 것이다.

결국, 다음 권위자를 뽑는 전통을 만들어 따르게 된다. "할아버지가 가장 나이가 많고 경험도 풍부하니 지혜를 발휘해서 결정해주세요"라거나 "영웅의 핏줄을 이어받은 당신은 천한 우리보다 훨씬 고귀하니 당신의 결정을 따르겠습니다"라는 식이다.

이 2가지 믿음의 공통 전제는 어떠한 '특별함'이 있어야 정치적 권위를 가질 수 있다는 생각이다. 다시 말해, 이 2가지 믿음에 따르면 '특별한 인간'과 '평범한 인간'은 엄격히 구분되고 '특별한 인간'들만이 나라의 주인으로서 '평범한 인간'들을 거느리거나 짓밟을 수 있다. '평범한 인간'들은 삶에서 선택할 권리가 거의 없었다. 성군을 만나면 운이 좋고 폭군을 만나면 그저 시대를 잘못 태어난 탓으로 돌릴 수밖에 없었다.

그런데 별안간 8,000년 동안 세상을 지배해온 특별한 인간과 평범한 인간의 구분에 의문을 품은 '어떤 사람'이 생겼다. 그는 "사람은 다 거기서 거기 아니야?"라고 말했다. 물론 힘센 사람과 그렇지 않은 사람은 분명 존재하며 누군가 남들보다 조금 더 뛰어나다 하더라도 그것이 한 명이 100명을 다스릴 수 있는 근거는 되지 않는다는 게 그의 주장이었다. 그는 정치적 결정을 내릴 권리는 누구에게나 있으므로 모두가 정한 규칙에 따라 결정할 사람을 정해야 한다고 생각했다. 정치적 결정을 맡은 사람은 나머지 모든 사람과 '계약'을 맺을 따름이다.

'어떤 사람'이 누구인지에 대해서는 알려진 바가 없지만, 이 사람의 주장에 공감하는 이들이 점점 많아졌다. 이에 맞서 '특별한 인간'들은 '어떤 사람'을 회유하고 고문하고 죽이며 이런 생각을 억압했지만, 어떤 곳에서는 지금도 억압하고 있지만 결과적으로 이제는 '어떤 사람'의 주장이 이겼다고 할 수 있다.

앞의 두 믿음에 비해 세 번째 믿음이 실현된 것은 가히 '혁명'이라 불릴 정도로 급진적인 변화였다. 이 혁명은 2가지 힘 덕분에 이루어질 수 있었다. 첫째, '어떤 사람' 편에 선 머릿수가 엄청나게 늘어났기 때문이다. '모든 인간은 평등하다'는 생각이 널리 전파된 덕분이다. 이런 문제를 평생 고민한 철학자들, 불평등과 싸우기 위해 목숨을 바친 사회운동가들 그리고 이들을 지지한 시민들이 이런 사상을 전파한 주역이었다. 동시에 이런 생각들이 나라를 뒤집을 정도로 큰 혁명의 물결이 되는 데에는 대량 인쇄와 대중 매체가 한몫했다. 옛날에는 100명의 '어떤 사람'만 골라내 죽이면 잠잠해졌지만, 이제는 100만 명, 1,000만 명의 '어떤 사람'이 생긴 것이다. 상황이 완전히 달라졌다.

둘째, 정부가 '평범한 사람들'의 세금에 의존하게 되었기 때문이다. '평범한 사람들'은 생각에 그치지 않고 실제로 '특별한 사람들'만큼이나 국가에 기여한다는 사실을 증명해 보였다. 우선 산업혁명을 통해 귀족이 아니면서도 공장을 지어 귀족만큼 돈을 벌고 귀족보다 더 많은 세금을 내는 사람들이 늘어났다. 이 무리가 점점 커지면서 이들이 내는 세금의 양도 결코 '평범하다'고 무시할 수 없게 되었다. 제아무리 왕이라도 납세자들과 협력하는 게 더 이로운 상황이 되었다. 덧붙여 두 번의 세계대전이 일어나 너나없이 돈뿐 아니라 강제 노동, 강제 징병 그리고 생명에까지 이르는 엄청난 대가를 치렀다. 그러면서 모든 것을 바쳐 사회를 지킨 '평범한 사람들'에 대한 존중이 생겼다. 이처럼 정부는 세금 납부와 전쟁 동원을 통해 '평범한 사람들'의 희생을 인정하지 않을 수 없게 됐다. 이후 정부는 점점 많은 시민에게 정치에 참여할 권리를 보장하기 시작했다.

요약하자면 첫 번째 힘은 권리를 주장하는 사람들의 '쪽수'다. 그리고 두 번째 힘은 권리를 뒷받침하는 '돈', 세금이다. 이 2가지 힘은 국민과 정부가 서로 의무를 부담하고 약속을 지키도록 하는 계약의 가장 큰 연결고리가 된다.

혼자서는 '평범한 사람'일지라도 머릿수가 많고 세금을 내기에 우리는 강력하게 요구할 수 있다. 국민의 행복과 이익을 위해 돈을 걷은 만큼 "계약 사항을 어기지 말고 내 돈 똑바로 쓰라"고 말이다.

2장

정치의 재료
무엇을 넣어야 하는가

01

세금

'세금 해방일Tax Freedom Day'을 아는가? 세금을 벌기 위해 1년 중 며칠이나 일해야 하는지 보여주는 날짜다. 2016년 우리나라의 세금 해방일은 3월 20일이었다. 이는 1월 1일부터 3월 19일까지 일해서 번 소득은 전부 세금으로 내고 3월 20일부터 번 소득이 순수하게 내 돈이 된다는 의미다. 죽기 전까지 심지어 죽은 뒤에도 피할 수 없는 세금, 어차피 피할 수 없다면 공평하게 걷도록 만들어보자.

세금 내기 싫다

> 이 세상에 확실한 건 없다. 죽음과 세금만 빼고.
> – 벤저민 프랭클린

대리인이 주인을 졸졸 쫓아다니면서 주인이 번 돈을 강제로 뜯어내는 것이 세금이다.

정부는 생산자고 우리는 소비자지만, 구매하기 싫다고 정부가 제공하는 것들을 사지 않을 수 없다. 그 대신 소비자가 결정할 수 있는 게 있다. '다 같이 얼마나 모을까'와 '각자 얼마씩 모을까'다.

'다 같이 얼마나 모을까'부터 살펴보자. 세금을 얼마나 내야 한다고 생각하는가? 1인당 100만 원? 1,000만 원? 숫자부터 먼저 말하려면 감이 잘 잡히지 않는다. 현명한 방법은 예산과 비교하는 것이다. 정부가 살림을 꾸리는 데 꼭 필요한 것들이 모두 합쳐 얼마나 되는지

그림4 세금해방일[5]

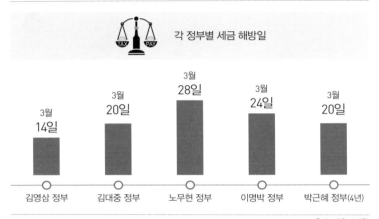

출처: 자유경제원

확인하고, 그걸 나누어 내면 된다. 반대로 얼마씩 나누어 내야 하는지 확인하고서 예산이 너무 많은지, 너무 많다면 무엇을 아낄지 검토할 수도 있다.

앞서 말한 것처럼 우리나라의 한 해 정부 예산은 약 400조 원이다. 숫자가 생각보다 큰가? 이 숫자가 지나치게 많은 건지 적은 건지를 비교할 수 있는 지표가 하나 있다. '조세부담률'이라고 부르는데, 우리나라에서 생산되고 거래되는 모든 금액GDP 중에 세금이 차지하는 비율을 뜻한다.

[그림 5] 조세부담률 추이 그래프를 보면, 우리나라의 조세부담률은 대략 18~19%를 오감을 알 수 있다. 거칠게 표현하자면 우리나라에서 정부는 18%, 시장은 82%를 차지하고 있다고 할 수도 있겠다.

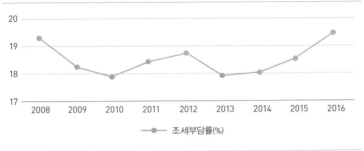

그림 5 조세부담률 추이

조세부담률(%)

출처: 국세청, 2017

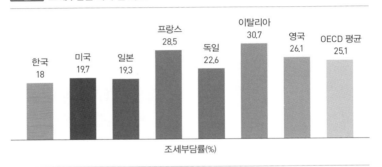

그림 6 조세부담률 국가 간 비교

프랑스
28.5

이탈리아
30.7

영국
26.1

OECD 평균
25.1

한국
18

미국
19.7

일본
19.3

독일
22.6

조세부담률(%)

출처: OECD, 2014

[그림 6] 그래프를 보면, 우리나라는 복지 정책이 발달한 프랑스나 독일과 비교하지 않더라도 자유시장경제의 본산인 미국과 영국에 비해서도 조세부담률이 확실히 낮다.

그렇다면 정부는 지금 수준보다 더 많은 세금을 걷고 더 적극적으로 나라 살림을 꾸려나가야 할까? 이것은 해묵었을 뿐 아니라 영영 끝나지 않을 논쟁이다. 그렇지만 그 가장 깊은 곳에 깔린 생각은 예나 지금이나 비슷하다.

한쪽 끝에서는 "내가 남보다 2배 노력했으면 2배 더 벌어야 하는데 네가 세금을 떼가니 한 배 반밖에 받지 못하잖아. 이건 불공평해"라고 말한다. 개인의 노동과 능력의 결실에 대해 충분한 보상이 주어져야 하는데, 정부가 세금을 거둬서 보상 체계가 왜곡되고 있다는 주장이다.

반대쪽 끝에 선 사람들은 "네 능력이 좋아서 2배 더 번 게 아닐걸! 국가가 제공하는 치안과 시장과 법원이 없었으면 '돈을 번다'는 개념 자체가 존재할 수 없어. 네가 돈을 번 만큼 국가에 빚진 거야"라고 말한다.

그 가운데 어딘가에 선 사람들은 "시장이 더 활발하게 작동하려면 정부에 의해 돈이 국민에게 어느 정도는 고르게 분배되어야 한다"고 말하기도 한다.

이 문제는 해묵은 것이지만, 그만큼 '정말' '아주' '몹시' '매우' '변함없이' 중요하다. 앞으로 이 책과 뉴스에서 접할 무수히 많은 소식이 좋은지 나쁜지 판단하는 기준이 되기 때문이다. 정부와 시장 사이에서 답변하기 전에, 이것만은 생각해보았으면 좋겠다. 정부의 역할이 커지는 것 또는 시장의 역할이 커지는 것이 누구에게 이득이 되고 손해가 되는지 말이다.

시장이 커지는 것을 좋아할 사람들은 아마 이미 시장에서 이룬 것이 많아서 정부에 세금을 내기 싫거나 앞으로 시장에서 잘할 자신이 있는 사람들일 것이다. 반대로 정부가 커지는 것을 좋아할 사람 중에는 아무래도 지금 돈이 없거나 앞으로 돈을 많이 벌 확률이 그다지 높지 않은 사람들이 많을 것이다.

이제 잠깐, 읽기를 멈추고 생각을 정리해보자.

세금 낼 때 덜 억울하려면

세금을 내고 싶은 사람은 세상에 아무도 없을 것이다. 정부 서비스가 필요해서 어쩔 수 없이 내는 것뿐이다. 그래서 세금을 '각자 얼마씩 모을까'에서 가장 중요한 조건은 '누구도 억울하지 않게' 거두는 것이다. 세금을 잘못 거둬서 대리인의 잘못으로 주인이 피해를 보는 것은 그 자체로 큰 문제이기도 하고, 억울한 사람들이 많아져서 정부 자체에 대한 불신이 쌓이면 세금 납부를 거부하는 조세저항이 일어나 정부로부터 필요한 서비스를 받지 못할 수도 있으니까 말이다.

그러면 어떻게 해야 억울한 사람이 없어질까? 가장 중요한 조건은 우리 모두 내야 하는 세금을 빠짐없이 꼬박꼬박 내는 것이다. 나는 세금을 내는데 나와 사정이 크게 다르지 않은 옆집은 안 낸다면 당연히 억울할 테니 말이다. 혹시 '38기동대'라는 이름을 들어보았는가? 군대나 경찰 조직처럼 들리는데, 사실은 서울특별시의 38세금징수과의 별명이다. 신조는 "끝까지 추적하여 반드시 징수한다"다. 38세금징수과를 포함해서 현장에 있는 세금 공무원들은 탈세하는 사람이 없도록 거친 일을 마다하지 않고 있다.

두 번째 조건은 공평하고 일관된 세금 징수 원칙을 만드는 것이다. 세트 상품의 공동구매를 다시 떠올려보면, '공평'한 원칙을 크게 3가지로 해석할 수 있다.

① N분의 1 하자! 더치페이! 사람 수만큼 똑같이 나눠서 내야지.

② 정부한테 혜택을 많이 받을수록 더 많이 내야지. 집 앞에 공원과 문화시설과 지하철역을 지어줬으면 시골에 사는 사람들보다 그만큼 더 세금을 내야 하는 것 아니겠어?

③ 재벌가 아들의 100만 원과 나의 100만 원이 같나? 부담하는 고통의 정도가 같아야 공평하지!

언뜻 보기에 가장 합리적으로 보이는 건 ②다. 하지만 현실에서 이 방식은 거의 쓰이지 않는다. ②가 쓰이지 않는 가장 큰 이유는 정부가 주는 혜택을 사람마다 측정하는 작업이 불가능에 가깝기 때문이다. 군대와 경찰, 법정을 운영하고 불황을 이기기 위해 일부러 공사를 벌이거나 모든 이에게 초등학교·중학교 교육을 제공하는 일에 있어서 개개인이 받는 혜택과 누리는 행복의 정도를 일일이 재기란 정말 어렵다. 단, 전기료, 수도료, 통행료와 같이 세금이 아닌 '요금'은 개인별로 양이나 횟수를 잴 수 있어서 ②를 적용하고 있다.

또 다른 이유는 정부에게 직접적으로 더 큰 혜택을 받는 사람들은 가난한 확률이 매우 높기 때문이다. 사실 부자들은 정부가 덜 필요할지도 모른다. 가진 돈으로 시장에서도 충분히 행복하게 살 수 있으니까 말이다. 하지만 ②를 채택할 경우 가난한 이들은 가진 것보다 더 많은 돈을 내야 하는 상황에 빈번하게 놓일 것이다.

그렇다면 ①과 ③ 중에서는 무엇이 더 좋은 원칙일까? 결론부터 말하자면 우리나라를 포함해 거의 모든 나라는 '동등 희생의 원칙'이라고도 불리는 ③에 따라 세금을 걷고 있다. 만약 ①대로 한다면 가난한 사람들이 살기가 너무 어려워질 뿐 아니라 이것이 애초에 가능한지도 의문이기 때문이다. 또한 정부 입장에서 다 걷어도 돈이 얼마 되지 않을 것이다. 그러면 다른 나라에 비해 제공할 수 있는 서비스도 적고 그 피해는 고스란히 국민의 몫이 된다.

그 대신 ①과 ③ 사이에서 '각자 얼마씩 모을까?'에 관한 끝이 없는 토론이 이어지고 있다.

끝이 없는 토론 1: 부자가 더 많이 내야지! 얼마나?

끝이 없는 세금 논쟁에는 크게 두 가닥이 있다. 한 가지는 '부자가 가난한 사람보다 얼마나 더 많이 내야 동등한 희생이냐'는 점이다. 뒤집어 말하자면 '세금을 부담할 능력, 곧 담세력에 따라 얼마나 더 많은 세금을 내야 하는가?'라고 할 수 있다.

동등 희생의 원칙을 가장 단순하게 적용하자면, 모두가 버는 돈의 10%씩 낼 수 있을 것이다. 월 80만 원을 버는 아르바이트생에게 8만 원을 거둔다면, 월 80억 원 버는 사업가에게는 8억 원을 거두는 식이다. 하지만 인간이 행복하게 살기 위해 꼭 필요한 돈이 월 300만 원 정도라고 할 때, 아르바이트생의 8만 원과 사업가의 8억 원 중 어느 쪽이 더 절실한 돈일까?

특별한 사정이 없는 한 사업가의 8억 원은 마음만 먹으면 기부할 수 있는 돈인 반면, 아르바이트생의 8만 원은 하루 내내 일하거나 며칠을 굶어야 모을 수 있는 돈이다. 그러면 단순히 같은 비율로 돈을 거두어서는 동등한 희생이라고 할 수 없다.

따라서 현실에서는 더 많이 벌수록 더 높은 세율을 부담하게 한다. 연 1,200만 원 버는 사람까지는 6%의 세율 그보다 더 많이 버는 사람은 15%의 세율을 적용하는 식이다. 만약 1,300만 원을 버는 사람이 있다면 1,200만 원 × 6% + [1,300만 원 − 1,200만 원 × 15%] = 72만 원 + 15만 원 = 87만 원을 세금으로 부담하게 된다. 이런 방식을 '누진세' 제도라고 부르기도 한다.

[그림 7]에서 볼 수 있듯 세율이 달라지는 구간은 1,200만 원, 4,600만 원, 8,800만 원, 1억 5,000만 원, 3억 원 이하 그리고 3억 원 초과 이렇게 6개가 있었는데 2017년 12월에 5억 원 초과라는 또 하나의 구간이 추가되었다. 혹시라도 '최고세율 인상'이라는 제목의 기사를 보았다면 그게 바로 이 얘기다.

여기서 다시 한번 오래된 질문이 시작된다. 내가 번 돈은 어디까지 온전한 '내' 몫이어야 하는지, 어디까지 사회에 빚진 소득인지의 질문 말이다. 거의 모든 세금에는 어느 정도 소득 재분배 기능이 있다. 부자에게서 더 많은 돈을 걷어 가난한 사람들에게 나눠주거나,

그림 7 소득세 최고세율 인상

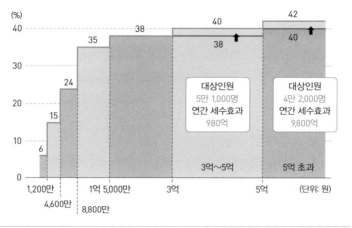

출처: 기획재정부, 2017

복지 정책을 시행하거나, 공공시설을 짓는 데 사용한다. 내가 번 돈은 다 내 노력과 운과 능력 덕분이라고 생각한다면 부자들의 몫을 인정하는 방향을 원할 것이고, 사회의 도움으로 이룰 수 있었다고 생각한다면 소득 재분배가 당연한 방향일 것이다.

끝이 없는 토론 2: 부자도 종류가 있다

"내 비서도 소득의 36%를 세금으로 내는데 나는 17.4%밖에 내지 않는다." 세계 최고의 투자가로 꼽히는 워런 버핏 버크셔해서웨이 회장이 몇 년 전 부자 증세를 주장하며 한 말이다.

그림 8 소득종류별 종합소득금액 비중

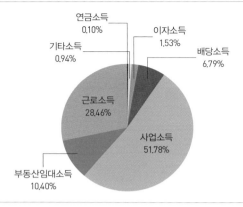

연금소득
0.10%

이자소득
1.53%

기타소득
0.94%

배당소득
6.79%

근로소득
28.46%

사업소득
51.78%

부동산임대소득
10.40%

출처: 국세청, 2015

　방금 이야기한 '누진세'를 적용하면 억만장자인 워런 버핏은 그의 비서와 같거나 높은 세율을 부담해야 말이 된다. 그런데 비서의 세율이 버핏의 세율의 2배 이상이라니, 어떻게 된 일일까?

　끝이 없는 토론의 두 번째 가닥은 바로 '똑같이 부자여도 돈을 번 방법에 따라 세금이 다르다'는 것이다. 앞서 얘기한 '소득세'의 정확한 명칭은 '종합소득세'다. 종합이라는 표현에서 알 수 있듯, 여러 가지 방법으로 1년 동안 번 돈을 모두 모아서 세금을 매기는 방식이다. 돈을 버는 방법에는 어떤 것들이 있을까? [그림 8]에서 볼 수 있듯 투자를 통해 돈을 벌 때의 배당소득과 이자, 직접 사업을 해서 버는 사업소득, 집이나 공간을 빌려주고 얻는 부동산임대소득, 그리고 가장 흔한 유형인 남의 회사에서 일하고 월급을 받는 근로소득이 있다.

　미국의 세금 체계는 우리나라와 다르지만, 버핏과 비서의 결정적인 차이는 여기에 있다. 바로 버핏은 투자를 통해 금융소득을 얻었고, 비서는 노동을 통해 근로소득을 얻었다는 점이다. 많은 나라는 기업이 더 쉽게 시장에 투자하고 금융시장이 활발하게 작동할 수 있도록 금융소득에 대해 비교적 적게 과세하고 누진세를 적용하지 않는다.

우리나라에서도 2,000만 원 이하의 금융소득에 대해서는 그 사람이 얼마나 성공적인 사업가이든, 얼마나 소득이 높은 직장인이든 상관없이 따로 15.4%만을 과세한다. 이런 방식은 종합소득세에 포함되지 않아 '분리과세'라고 부른다. 누진세인 종합소득세와 비교하자면 많이 벌수록 세금을 절약해주는 제도다.

비슷한 방법을 통해 부동산 부자도 고소득 직장인보다 세금을 덜 낼 수 있다. 부동산임대소득도 2,000만 원 이하면 분리과세를 하는 데다, 전세금이나 보증금은 나중에 돌려줘야 하는 돈이기 때문에 아주 일부만 소득으로 인정하기 때문이다. 예컨대 주택 4채를 가지고 있으면서 1채에 5억 원씩 총 20억 원 전세를 주는 임대사업자라 해도, 여러 가지 계산을 거치고 나면 내는 세금은 약 251만 원이다. 이는 대략 월 200만 원을 버는 직장인이 내는 돈이다.

세금 혜택을 받는 또 다른 부자는 주식 부자다. 우리나라는 국내 주식을 싸게 사고 비싸게 팔아 번 돈에 대해서는 세금을 매기지 않는다. 대신 '거래세'라는 명목으로 번 돈이 아니라 사고파는 행위마다 세금을 부과한다. 이렇듯 큰돈을 번다고 해서 더 많은 세금을 매기는 게 아니다.

이처럼 부자의 종류마다 서로 다른 세율을 매기는 것에는 장단점이 있다. 장점은 앞서 말한 것처럼 더 많은 사람이 활발하게 투자하게 되는 것이다. 소액이라도 투자를 해서 얻는 돈이 아르바이트를 하나 더 해서 얻는 돈에 비해 세금 떼고 더 많이 남기 때문이다. 특히 우리나라 경제가 발전해온 과정을 돌이켜봤을 때, 한국전쟁 후 아무것도 없던 땅에서 외국 돈을 빌려 기업을 세우고, 나아가 우리나라 돈으로 투자자들이 자발적으로 기업에 투자하는 금융 경제가 세워지기까지 분명 필요했던 제도임은 틀림없다.

한편, 단점은 2가지를 들 수 있다. 하나는 세금을 거둘 때의 형평성에 맞지 않는다는 것이다. 근로소득으로만 연 1억 원을 버는 사람은 근로소득으로 연 8,000만 원, 금융소득으로 연 2,000만 원 버는 사람보다 훨씬 많은 세금을 내니 같은 부자라도 차별을 받는 셈이다.

사실 이보다 더 중요한 건 두 번째 단점이다. 바로 부익부 빈익빈이다. 빈부격차를 더 빠르게 악화시킨다는 점이다. 금융소득을 올린다는 것은 이미 최소한의 종잣돈을 마련할 수 있는 여유가 있다는 말이다. 그리고 투자할 수 있는 원금이 클수록 큰돈을 벌 기회도 더 많다. 금융소득에 세금을 적게 매기고 투자를 장려하는 정책은 어쩔 수 없이 여유가 있는 사람들, 특히 부자들에게 혜택으로 돌아가게 마련이다. 결국 종잣돈을 가지고 태어난 금수저는 돈이 돈을 부르고, 흙수저는 아무리 일해도 종잣돈을 마련하지 못하게 된다. 아무리 열심히 해도 개인의 노력으로는 생활이 나아지리라는 희망을 품기 어려워지는 것이다.

누구나 경제 성장이 중요하다는 데 동의한다. 하지만 경제가 빠르게 성장하지 않는다면 그것은 부의 불평등 때문에 소비가 위축되어서일까? 또는 기업들이 투자를 받지 못해서 기업이 성장하지 못했기 때문일까? 아니면 세금이나 경제 정책이 아닌 다른 문제 때문일까? 이 질문들에 답하는 것은, 금융소득을 근로소득보다 장려하는 현재의 세법에 대한 여러분의 생각을 정리하는 데 도움이 될 것이다.

재벌은 세금을 더 내야 할까, 덜 내야 할까?

개인 사업이 커지고 회사가 더 큰 규모의 투자를 받으려면 보통 '법인'이라는 새로운 실체를 정부에 등록하게 된다. 우리가 알고 있는 이름 있는 기업들은 다 법인이라고 보면 된다.

법인은 말 그대로 법적으로 사람과 똑같이 취급하기 때문에 사람이 소득세를 내듯, 법인도 법인세를 낸다. 회사가 한 해 영업으로 벌어들인 돈에서 CEO와 사원들 월급을 주고 빌린 돈이 있으면 이자를 내고 남는 순이익에서 정부가 일정 비율을 가져가는 식이다. 개인의 소득세와 마찬가지로 누진세를 적용하는데, 2017년에 최고세율이 개정되었다. [그림 9]를 보면 알 수 있듯 이전에는 연간 200억 원 이상 벌면 22%를 적용받았는데 이제 그중에서도 3,000억 원 넘게 벌면 25%를 내게 되었다.

하지만 법인세 얘기를 제대로 하려면 이런 공식적인 숫자에서 한 발 더 나아가야 한다. 각종 기업 활동을 활성화하는 차원에서, 개인

그림 9 법인세 최고세율 인상

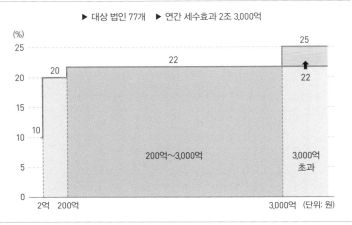

▶ 대상 법인 77개 ▶ 연간 세수효과 2조 3,000억

출처: 기획재정부, 2017

과 달리 기업에는 여러 세금 혜택을 준다. 예를 들어 장애인 사업장이면 실제 번 돈의 일부에 대해서만 세금을 매긴다. 연구개발비로 쓰인 돈은 내야 할 세금에서 직접 빼준다. 이런 세금 혜택을 다 받은 뒤에 실제로 낸 세금의 비율을 '실효세율'이라고 하고, 반대로 법으로 정해진 20%라는 숫자는 '명목세율'이라고 한다.

그런데 이 실효세율을 보면 재미있게도, 누진세가 적용되지 않는다는 것을 발견할 수 있다. [표 3]의 실효세율을 보면 중소기업은 12.6%에서 중견기업 17.0%로 높아지다가 재벌은 막상 16.0%로 떨어지는 것을 확인할 수 있다.[6]

하지만 이것은 2015년 자료이고, 2017년에 법인세를 높이는 법안이 통과됐다. 이 조치가 실효세율의 왜곡을 바로잡는 데에도 도움이

표 3 2015년 법인세 신고분(2014년 귀속)[7]

(단위: 개, 조 원)

구분		전체법인	일반법인			중소기업
			전체	재벌	중견기업	
법인 수		591,694	112,369	1,689	3,014	479,325
수입금액		4,468.5	3,187.5	1,707.7	259.7	1,281.0
과세표준		247.4	185.2	98.0	16.7	62.2
산출세액		49.2	−	−	−	−
공제 감면	전체	9.6	7.3	5.7	0.6	2.3
	외국납부세액공제	3.9	3.9	3.2	0.2	0.1
	연구인력개발비 세액공제	2.8	1.8	1.5	0.2	1.0
총부담세액		39.8	31.9	15.7	2.8	7.8
실효세율 = (총부담세액)/(과세표준)		16.1%	17.3%	16.0%	17.0%	12.6%

될지는 앞으로 지켜보아야 할 일이다.

여하튼 이런 점 때문에 법인세 논쟁은 대체로 재벌에 관한 시각과 맞물려 돌아간다. 쉽게 말하면 재벌이 우리나라를 살리냐 죽이냐 하는 논쟁이다. 재벌은 그 공장에서 일하는 수많은 근로자와 각종 부품 회사 등 협력업체를 줄줄이 먹여 살리고 있다는 입장과 재벌이 자원 분배를 왜곡하고 각종 제도의 혜택을 받아 소득을 부당하게 많이 챙기고 있다는 입장이 팽팽하게 맞서고 있다.

재벌을 살리자는 입장의 사람들은 재벌이 경제 성장을 주도한다고 주장한다. 조세재정연구원에 따르면, 법인세가 1% 늘어날 때 GDP가 장기적으로 1.13%p 낮아진다고 한다. 기업이 늘어난 세금을 만회하기 위해 제품 가격을 높이거나 협력업체에 낮은 단가를 강요하거나 근로자 월급을 덜 올려주기 때문이다. 특히 재벌은 글로벌 지사를 운영하는 경우도 많기 때문에 우리나라를 먹여 살리는 재벌이 법인세가 훨씬 싼 나라로 공장이나 본사를 아예 옮겨버릴 때는 타격이 더 클 것이라고 주장한다.

한편 또 다른 관점에서는 GDP가 아닌 실제 국민의 생활 수준을 보라고 말한다.

2008년에 법인세를 낮춤으로써 경제 성장에 도움이 되었는지는 모르지만, 그것이 기업의 성장이었지 가계의 성장으로 이어지지 않았다고 한다.

실제로 국민경제 중 가계소득은 2005년 64.8%에서 2016년 62.1%로 줄어든 반면, 기업소득은 21.3%에서 24.1%로 증가했다. 이들은 글로벌 본사 이전도 말처럼 쉽지 않다고 주장한다. 나라마다 세금 제도와 세금 혜택이 워낙 달라 실효세율을 제대로 비교하기도 어려울뿐더러, 기업이 사업장을 고를 때는 법인세만 보지 않는다고 말한다. 오히려 기업의 물건을 사줄 사람이 많은지, 직원들에게 월급을 적게 줘도 되는지를 따지자면 우리나라는 사업하기 좋은 축에 속한다는 것이다.

물론 법인세 인상에 관한 논쟁은 재벌 이야기로 이어질 수밖에 없다. 하지만 재벌이 좋다고 무조건 법인세를 낮추고, 싫다고 무조건 법인세를 올려야 한다고 생각할 필요는 없다.

우리나라 세금의 절반은 간접세

마트에서 물건을 산 뒤 영수증에 찍힌 'VAT'라는 글자를 본 적이 있을 것이다. 우리말로 '부가가치세'라고 하는데, 보통 물건 가격의 10%다. 당신이 1,100원짜리 핫도그를 사 먹는다면 사실 핫도그 가격은 1,000원이고, 100원은 세금인 셈이다. 하지만 단 한 사람도 핫도그를 사 먹으면서 국세청에 "오늘 핫도그 한 개를 사 먹었습니다"라고 알리면서 100원을 내지는 않는다. 당신이 1,100원을 핫도그 가게 주인에게 주면, 주인이 100원을 대신 내준다.

이처럼 분명 우리에게서 걷는 세금은 맞지만, 다른 사람이 대신내주는 세금을 간접세라고 한다. 지금까지 보았던 소득세, 법인세는모두 직접 벌어들인 데에서 떼가는 직접세인 데 반해 부가가치세는간접세다. 그 외 간접세로는 주세, 담뱃세, 증권거래세 등이 있다. 이들은 공통적으로 우리가 어떤 물건을 살 때 내는 세금이다. 세금 중52%가 간접세라고 하니 정부에게 얼마나 중요한 재원이겠는가.

간접세는 소득 재분배 기능이 다른 세금에 비해 떨어진다. 대기업 사장님이든 가난한 학생이든 커피 한 병을 사 마실 때는 모두 같은 금액의 부가가치세를 내야 한다. 심지어 하루에 소주 한 병을 마시는 저임금 근로자는 술을 마시지 않는 대기업 사장님보다 더 많은세금을 내는 셈이다. 따라서 간접세는 정치인들이 세금이 부족하다고 해서 함부로 올릴 수 없는 세금이다. 만약 부가가치세를 15%로 올린다고 한다면, 우리가 사는 모든 물건의 가격이 단번에 올라가기 때

그림 10 영수증에 표시된 부가가치세

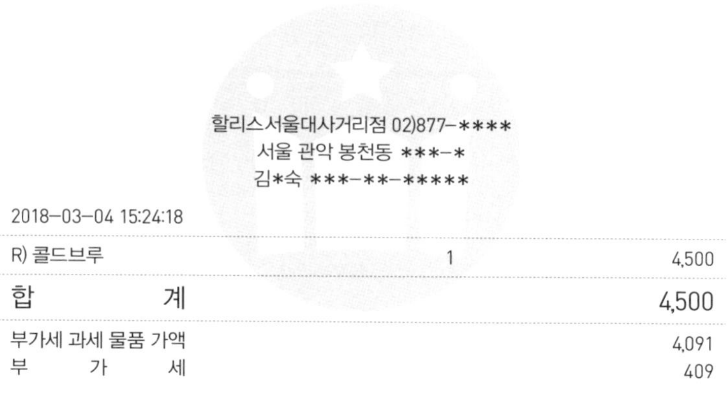

할리스서울대사거리점 02)877-****
서울 관악 봉천동 ***-*
김*숙 ***-**-*****

2018-03-04 15:24:18

| R) 콜드브루 | 1 | 4,500 |

합   계   **4,500**

| 부가세 과세 물품 가액 | 4,091 |
| 부   가   세 | 409 |

문이다. 그야말로 모든 유권자를 적으로 돌리는 행위다. 이 때문인지 1977년에 정한 부가가치세 세율 10%는 40년이 지난 지금까지 한 번도 변한 적이 없다.

이런 의미에서 박근혜 정부의 담뱃세 인상은 큰 파장을 불러왔다. 기존 800원에서 무려 2,000원을 더 올린 2,800원의 세금을 매긴 것이다. 담뱃값이 오르면 사람들이 담배를 끊게 되어 국민 건강 증진에 도움이 된다는 게 이유였지만, 그 말을 믿는 사람은 거의 없었다. 담배는 끊기 어려운 대표 기호품이고, 가격을 올려도 담배 구매가 줄지 않을 것이라는 사실을 모두가 알고 있었다.

이러한 예상은 현실이 되었고 담뱃세로 걷은 세금은 17조 원으로 인상 전에 비해 6조 원이나 더 벌어들인 셈이 되었다. 앞서도 언급했듯 배당소득세율을 인하해서 부자 감세를 한 다음에 모자라는 돈을 담뱃세로 보충한 것이 아니냐는 이야기까지 나왔다. 많은 사람이 이에 분노했다.

2017년 대통령 선거 후보자들은 앞다투어 담뱃세를 내리거나 담뱃세로 걷은 세금을 흡연자 복지에 쓰겠다는 공약을 들고 나왔다.

그런데 이를 계기로 부가가치세 인상이 필요하다는 의견이 정치권에서 조금씩 흘러나왔다. OECD 평균 부가가치세는 18%인데 우리나라는 이에 비해 훨씬 적은 금액만을 부가가치세로 걷고 있다는 것이 그 이유다. 서민들이 많이 이용하는 술이나 담배 등에 비정상적으로 높은 세율을 적용하지 말고 부가가치세를 조금이라도 올리는 것이 차라리 더 서민 친화적이라는 이야기도 나왔다.

하지만 근본적으로 서민 친화적으로 세금을 매기려면 소득 재분배 기능이 떨어지는 부가가치세가 아니라 재산세나 재산소득세를 올리는 방안부터 먼저 검토하는 것이 합리적이라 볼 수 있다. 간접세를 올리는 이유는 소득 재분배보다는 세금을 많이 걷는 데 있다는 것을 기억해야 한다.

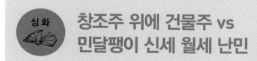

심화 창조주 위에 건물주 vs 민달팽이 신세 월세 난민

누구라도 집 없이는 살 수 없다. 그래서 부동산 정책은 언제나 온 국민의 관심의 대상이 되곤 한다.

우리나라는 2016년 기준으로 가계 자산의 73.6%가 부동산일 정도다. 전 재산의 73.6%가 걸려 있는데 민감하지 않을 수가 없다. 더욱이 서민들일수록 돈이 급할 때 돈을 빌릴 방법은 집을 담보로 잡는 방법밖에 없는 형편이다.

사람들이 부동산에 민감한 이유를 하나 더 대자면, 우리나라에서는 부동산이 양극화의 주범 중 하나라는 것이다. 비싼 집값 때문에 평생 대출금을 갚으며 살아가는 사람과 여러 채 가지고서 임대 수익을 내는 사람으로 갈리기 때문이다. 많은 서민이 몇 억 원씩 하는 집을 단번에 현금을 '턱' 내고 살 수 없어 대출을 받는다.

2017년 기준 약 1,400조 원에 달하는 가계 부채는 거의 '내 집 마련' 또는 부동산 투기를 위해 빌린 돈이라고 보아도 무방할 정도다. 부동산은 가계 부채의 주요한 원인이다.

반면 200만 원 벌어 100만 원을 월세로 내는 직장인이 궁궐같이 호화롭고 마당 딸린 주택을 부모님께 선물하는 연예인을 볼 때만큼 빈부격차를 체감하는 때가 있을까?

하물며 입지 좋은 건물을 상속받아 매일 골프 치러 다녀도 매달 꼬박꼬박 수천만 원이 통장에 입금되는 건물주와 비교할 때는 어떨까. "창조주 위에 건물주"라는 말이 나올 만하다.

그래서 각종 세금 중에서도 부동산에 매기는 세금은 단순히 정부 재원을 마련하기 위한 목적에 그치지 않는다. 그보다 더 나아가서 적극적으로 주택 보유의 불평등을 해소하려는 정책적인 목적을 지니고 있다.

이런 목적으로 만들어진 대표 세금이 종합부동산세다. 부동산에 관련된 세금은 집을 살 때, 집을 가지고 있는 동안, 임대 수익을 얻을 때마다, 집을 팔 때 내는 것으로 나눌 수 있다.

그런데 종합부동산세는 아무것도 하지 않더라도 '집을 가지고 있는 동안' 매년 내는 세금이다. 이렇게 '가지고 있는 동안' 내는 세금을 통틀어서 보유세라고 부른다. 주택, 건축물, 토지, 항공기와 선박에 매기는 재산세가 바로 보유세다.

하지만 종합부동산세는 일반적인 보유세가 아니다. 가치에 따라 $0.1 \sim 0.5\%$를 매기는 재산세와 달리 비싼 집이나 여러 채의 집을 소유한 경우만 6억 원(또는 9억 원)을 초과하는 금액에 대해 $0.5 \sim 2\%$의 세금을 낸다. 물론 종합부동산세를 내는 사람은 동시에 재산세도 내야 한다. 부동산 부자에게 세금을 거두겠다는 의도가 드러난다.

모든 세금은 자연스럽게 부를 재분배하는 기능이 어느 정도 있다. 대체로 더 많이 가지거나 더 벌거나 더 쓸수록 더 많이 내는 동시에, 쓸 때는 모두에게 골고루 가거나 복지 정책을 통해 가난한 사람들에게 더 많이 돌아가기 때문이다. 하지만 종합부동산세는 존재의 이유부터가 재분배인 세금이다.

2017년 12월 초, 국토교통부 장관이 "보유세 문제를 집중적으로 다뤄볼 시점이 됐다"고 말한 것도 같은 맥락에서다. 앞에서 말했던 정부와 시장에 관한 결론을 떠올려보고, 종합부동산세에 대한 판단을 나름대로 내려본다면 이런 기사가 좀 더 잘 읽힐 것이다.

또 하나의 세금, 국민연금

우리는 세금을 내고 각종 정부 서비스의 세트 상품을 공동구매한다. 하지만 나라도 가끔은 몇 가지 중요한 목적을 위해서는 따로 저축통장을 마련한다. 개인이 중요한 기념일이 있거나 세탁기를 바꿔야 할 때 또는 결혼을 앞두고 따로 그 목적을 위한 저축을 하듯 말이다. 나라 전체에서 이렇게 마련한 저축통장은 65가지(2016년 기준, 금융성 기금 포함)에 이르는데, 그중 꼭 기억해야 할 것이 바로 국민연금이다.

국민연금은 말 그대로 국민 모두가 같이 드는 보험이다. 부유하든 가난하든 나이가 많든 적든 강제로 조금씩 저축한다. 그다음에 나이가 들어 일자리를 잃거나 가계에 돈을 벌어오는 가장이 죽거나 사고로 일을 할 수 없게 되는 등 갑자기 돈을 벌 방법이 사라졌을 때 국민연금기금에서 돈을 받을 수 있다. [그림 8]에서 보았던 '연금소득'이 그것이다.

국민연금을 특별히 기억해야 하는 이유는 보통 보험과는 다르게 '강제로' 저축해야 하는 통장이기 때문이다. 돈을 내는 국민 입장에서는 사실상 세금이나 다름없다. 만약 강제가 아니라면 서민은 돈이 없어서 부자는 필요가 없어서 젊은이들은 먼 미래의 일이라서 가입하지 않을 것이다. 따라서 '가입자가 줄어든다 → 기금이 모자란다 → 연금의 질이 떨어진다 → 가입자가 줄어든다'의 악순환을 막기 위해 의무 가입이다.

"기금이 곧 고갈될 것이다!"

내가 냈던 국민연금은 그대로 차곡차곡 쌓여 있다가 나에게 돌아오지 않

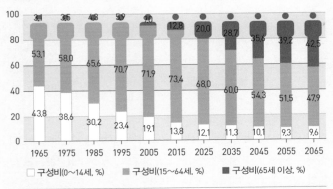

그림 11 연령 계층별 인구 구성비

출처: 통계청, 2017

는다. 현재 내가 내는 돈은 지금 은퇴해서 연금을 받는 사람들에게 쓰인
다. 그렇다면 내가 늙었을 때는 미래의 젊은이들이 내는 연금으로 살아
야 한다는 말이다. [그림 11]을 보자. 흰색은 아직 돈 벌기에는 어린 나이,
파란색은 돈을 벌 수 있는 나이, 회색은 은퇴 이후의 나이다. 흰색과 파
란색은 점점 줄어들고, 회색이 늘어나고 있는 것을 확인할 수 있다. 한편
[그림 12]를 보면 기대수명을 보여주는 꺾은선 그래프는 점점 올라가고
있다. 즉 연금을 이제 받아야 할 사람들이 많아지고 이들은 과거의 은퇴
자들보다 더 오래오래 연금을 받을 예정이라고 정리할 수 있다.

정부가 2013년에 한 계산으로는 국민연금은 2044년부터 적자가 나기
시작해 2060년이면 고갈된다고 한다. 이 계산은 5년마다 다시 하므로
2018년과 2023년 상반기에 한 번 더 결과가 나온다.

만약 국민연금이 고갈된다면 우리는 무사히 연금을 받을 수 있을까? 법

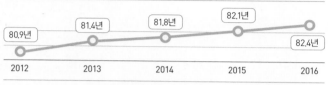

출처: 통계청, 2017

에 명시되어 있지는 않지만, 공식적으로 국가가 지급을 보장한다고 한다. 실제로 군인연금과 공무원연금은 고갈된 지 10년이 넘었는데도 국민연금과 세금을 통해 지급하고 있다. 아무래도 그 어떤 기업보다 신용이 높은 기관이 정부이므로 민간 보험사보다야 훨씬 안전할 것이다.

하지만 기금이 고갈된 상태에서 세금만으로 충당하는 것은 결국 국민 세금 부담을 늘리는 것이므로 국민연금을 개혁하자는 주장이 앞으로도 꾸준히 제기될 예정이다.

"국민연금이 이용당하거나 기업이 이용당하거나"

이런 기금고갈을 막기 위해 국민연금은 국민으로부터 모은 돈을 단순히 쌓아두지 않고 갖가지 투자를 적극 벌여왔다. 실제로 국민연금은 우리나라 각종 금융시장에서 단연 1위의 큰손이다. 2017년 9월 말 기준으로 약 612조 원을 운용한다. 우리나라의 1년 예산이 대략 400조 원이라는 걸 고려하면 엄청난 액수다. 주식시장에서만 해도 국민연금이 5% 이상의 지분을 가지고 있는 회사가 2017년 9월 기준 275개에 이른다. 이 정도 규모면 국제적으로도 상당히 큰 편에 속한다. 국민연금의 투자를 총괄하는 기금운용본부장의 별명이 '자본시장 대통령'인 이유가 이것이다.

그렇다면 이 상황은 무슨 의미일까? 국민의 피 같은 세금을 담보로 정부가 특정 기업이나 기업인을 위해 희생할 수도 있고 반대로 특정 기업이나 기업인에게 압력을 넣을 수도 있다는 것이다. 정치에서는 1인 1표지만 시장에서는 많이 투자할수록 더 큰 발언권을 챙기기 때문이다.

국민연금이 특정 기업의 이익을 위해 국민의 기금을 희생한 사례로는, 삼성의 두 계열사인 삼성물산과 제일모직의 합병을 들 수 있다. 합병 조건이 삼성물산에 지나치게 불리했으나 삼성 일가가 경영권을 물려주는 데는 도움이 되는 조건이었다. 합병은 기업의 운명을 가를 수 있는 워낙 큰 사건이라 언제나 주주들의 동의를 필요로 한다. 당시 국민연금은 삼성물산의 지분 11%를 가진 대주주였고 상식적으로는 당연히 삼성물산이 손해를 보는 조건에 반대해야 하는 입장이었다. 그런데도 찬성표를 던졌고 국민연금이 찬성한 덕분에 가까스로 합병이 성사되었다.

나중에 밝혀진 바에 따르면 당시 국민연금 기금운용본부장은 국민연금 투자위원들에게 합병에 찬성하라고 지시했다고 한다. 그리고 국민연금에 큰 손해를 끼친 혐의로 징역 2년 6개월을 선고받았다.

그런데 이제는 정부가 국민연금을 통해 기업에 압력을 넣으려 한다. 이것이 가능한 이유도 마찬가지다. 국민연금이 기업의 지분을 가지고 있기 때문이다. 정부는 기업의 주인인 주주의 이익을 위해 각종 회계감사나 노조 일에 적극 개입하겠다고 밝혔다. 이를 찬성하는 쪽에서는 소액주주나 기관투자가가 적극 활동하면서 시장에 압력을 넣고 이를 통해 기업 지배구조를 개선해야 한다고 본다. 지금은 기업이 재벌가에 봉사하고 있지만, 재벌 개혁을 통해 주주의 이익을 추구하도록 만든다는 입장이다. 한편 반대하는 측에서는 이를 "국유화나 연금사회주의"라며 정부가 시장에 개입하면 안 된다고 주장한다. 당신은 어느 쪽에 더 동의하는가?

02

정당

2008년 6월. 촛불집회가 한창이던 광화문 광장이 컨테이너와 경찰 버스로 가득 찼다. 넓은 광화문의 대로들에는 차벽이 세워져 시위대의 이동과 출입을 막았다. 정부 측 경찰들과 정부를 비판하는 시민들의 시위대 사이에 들어선 이 차벽은 '명박산성'이라는 별명을 얻었다. 서로 의견이 다른 정부와 시민들 사이, '명박산성'의 자리에 주인들과 대리인들의 모임, 정당이 있었다면 어땠을까? 다시 이런 일이 일어나지 않기 위해 정당은 주인들 혹은 대리인들의 모임으로서 어떤 역할을 해야 할까? 대한민국 역사에 200개가 넘는 정당들이 등록되고 사라지는 동안 정당들은 어떤 모습이었고, 앞으로는 어떤 모습이 되어야 할지 생각해보자.

정당은 뭐 하는 곳일까?

주인들이 원하는 이상적인 세상은 모두 다르다. 어떤 사람은 청년이 일자리 걱정 없이 사는 사회를, 어떤 사람은 노인 복지가 잘되어 있는 사회를, 또 누군가는 국가 경제가 늘 성장하는 사회를 멋진 세상이라고 생각한다. 한편 비슷한 세상을 꿈꾸는 주인들은 멋진 세상을 만들기 위해 함께 모여서 하나의 큰 목소리를 내려 하고, 더 나아가 그 세상을 실현하기 위해 정권을 잡고자 한다. 우리는 이런 모임을 정당이라고 부른다.

한편 선거철에는 지지자가 아닌 사람에게도 여러 정당이 유용하다. 대리인 선택지를 정리해주기 때문이다. 선거 전에 정당 내에서는 공천이라는 작업이 이루어진다. 공천은 국민으로부터 표를 얻을 수 있는 적합한 대리인 후보자를 고르는 일이다. 정당들은 선거에서 이기기 위해 대리인 후보자들을 양성한다. 이 후보자들은 정당에서의 오랜 정치 경험과 정치적 입지를 바탕으로 선거에 출마하고 많은 국민의 선택을 받아 대리인으로 자리 잡는다.

이렇게 공천을 통해 선발되어 당을 대표하는 대리인 후보자들은 누구나 그 생각을 알기가 쉽다. 정당이 없고 모든 후보자가 가나다순으로 정렬된 선거가 있다고 생각해보자. 그 많은 후보의 정책과 방향을 파악하려면 온종일, 어쩌면 며칠 동안 밤새 정책 공약집만 공부해야 할 것이다. 다행스럽게도 대부분의 선거 후보자들은 정당에 소속되어 있다. 따라서 특정 정당이 어떤 정책을 추구해왔는지 알면 해당 정당의 후보자가 펼칠 정치의 방향을 유추할 수 있다.

종합하자면, 정당은 시민사회와 국가를 잇는 연결고리다. 주인들이 직접 모여 구성한 정당이 주인들이 원하는 바를 이루어내지 못한다면, 특히 정치인들이 소수의 이익만을 위한 정치를 펼친다면, 정당의 의미가 퇴색될 수 있다. 더욱이 직접민주주의가 아닌 대의민주주의에서는 주인이 자신의 권력을 대리인에게 넘겼기 때문에 대리인이 권력을 남용하지는 않는지, 주인의 의도와 다른 방향으로 가지는 않는지 경계해야 한다.

어떤 정당인지 궁금하면 강령을 들춰보자

참 다양한 이름의 정당들이 우리 현대사 속에 존재했다. 정당의 이름이 변해온 역사를 보면 우리나라 정당의 이념의 줄기를 파악할 수

그림 13 한국 정당 당명[8]

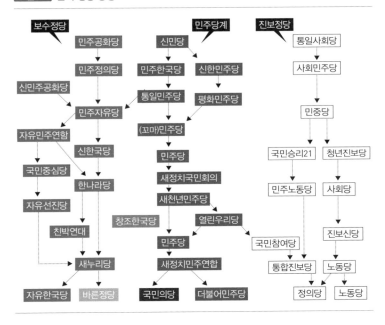

있다. 이른바 보수정당과 민주당계를 중심으로 하는 보수 양당 구조가 1960년대 박정희 정권 시절의 민주공화당과 신민당으로 시작되었다. 그리고 거대 양당은 아니지만, 가끔 원내에 진입하던 진보정당 계열도 있다. 대한민국의 정당 계보는 [그림 13]처럼 크게 3가지의 갈래가 존재해왔다고 정리할 수 있다.

그런데 이들 정당이 정말 완벽하게 이념에 따라 나뉘어 있을까? 우리가 자주 듣는 '보수'와 '진보'는 대체 무엇일까? 보수와 진보는 정치학을 배우고 있는 우리도 쉽게 정의 내릴 수 없을 정도로 복잡한 개념인데, 과연 어떠한 정당 하나를 놓고 '보수정당', '진보정당'이라고 시원하게 이야기할 수 있을까?

사실 우리나라의 정당 이념은 보수와 진보로 딱 나누어떨어지기보다는 모호하게 분포해 있다. 더불어민주당이 아마도 진보 성향의 중도일 것이고 바른미래당은 확실히 대답하기 어렵다. 보수정당을 자처하는 자유한국당조차 그들의 모든 정책이 보수의 입맛에 딱 들어맞는 것은 아니다. 이는 각 정당이 수호하고자 하는 이념과 가치에 대해서도 주인마다 생각이 다른 탓이다. 보수정당을 예로 들면 실제로 2017년에는 기존 새누리당 노선에 반대한 탈당파들이 모여 새로운 보수정당인 바른정당을 만들기도 했다. 같은 '보수'라도 그 속에는 다양한 생각을 가진 주인들이 있기 마련이니 놀랄 일은 아니다.

이렇듯 정당을 보수 또는 진보 성향으로 확실하게 나누기는 어렵지만, 상대적인 구별은 가능하다. 바른미래당은 더불어민주당에 비해 상대적으로 더 보수적이고, 정의당은 더불어민주당에 비해 상대적으로 더 진보적이라 할 수 있다. 그러다 보니 더불어민주당의 정치색이 보수에 가깝다고 주장하는 학자들도 있다.[9]

더군다나 이슈에 따라 각 정당이 추구하는 입장이 다를 수 있으므로 이념의 양자택일은 더욱 어려워진다. 다양한 주인들이 만든 정당이기에 정당의 방향을 하나로 통일하기도 어렵다.

그럼 정당을 만든 주인들의 이념을 상대적으로라도 알 수 있는 근거는 어디에 있을까? 바로 강령綱領에 그 해답이 있다. 학교에는 교훈, 교실에는 급훈이 있듯 정당에는 강령이 있다. 이것은 해당 정당이 어떤 정당인지, 무엇을 위해 존재하지를 담은 일종의 자기소개서다. 그렇다면 우리나라의 정당들은 어떤 가치를 추구하기 위해 존재할까? 이 정당들을 만든 주인들은 어떤 사회를 그리고 있을까? 강령(2017년 9월 14일 기준)을 직접 읽어보자.

자유한국당

자유한국당은 자유민주주의와 시장경제원칙의 헌법 가치에 기반하여 대한민국의 지속적인 발전과 평화통일을 지향함으로써 현재와 미래의 모든 세대가 공정하고 부강한 국가에서 더 행복한 삶을 누릴 수 있도록 한다. 국가안보, 자유와 책임, 공동체 정신, 국민통합 등 보수의 가치와 시대변화에 따른 새로운 가치를 국민과 공유하고 확산시켜나가며, 능력과 도덕성 및 애국심을 갖춘 인재들과 함께 이를 실천하여 국민의 신뢰를 얻는 국가경영의 중심 정당이 된다.

더불어민주당

국민의 인권을 보호하고 사회적 차별과 불평등을 해소하면서 자본과 노동이 상생하는 인간 중심의 민주적 시장경제를 지향한다. 건전한 시장경제와 민주질서 확립을 위해 정의롭고 공정한 질서 확립이라는 국가의 역할을 강화한다. 모든 국민이 함께하는 통합된 사회를 만든다. 우리는 정부가 복지와 사회안전망 및 일자리의 제공자, 이해 갈등 조정자로서의 역할을 충실히 담당함으로써 더불어 사는 복지국가의 완성을 통하여 사회의 통합기반을 제공한다.

자유한국당과 더불어민주당은 당명 변천사에서 봤듯 우리나라의 정당사를 이끌어온 굵직한 두 갈래에 속하는 큰 정당들이다. 쇄신을 거듭하며 이름은 바뀌었지만, 본질은 크게 달라지지 않았다.

우리가 흔히 '보수'라고 부르는 자유한국당의 강령을 보면 자유민주주의, 시장경제원칙, 국가안보를 강조하고 있다. 이 정당의 주인들은 국가안보에 있어서 주로 북한에 대한 강경한 태도를 최우선으로 함과 동시에 시장에서의 자유로운 경제 활동을 지지한다. 참고로 시장에서의 자유를 추구한다는 것은 곧 정부의 시장 개입을 최소화하고 개인이 부를 축적하는 데 국가의 제약을 줄인다는 뜻이다.

더불어민주당도 민주적 시장경제를 지향한다는 점에서는 자유한국당과 비슷하다. 다만 복지국가의 확립을 주장한다는 점에서 자유한국당에 비해서 진보적 성향임을 엿볼 수 있다. 이 정당의 주인들은 자유로운 경제 활동도 중요하지만 동시에 복지와 분배도 중요하다고 생각하고 있을 것이라고 생각해볼 수 있다.

정의당

정의당은 끊임없이 혁신하고 진화하는 진보정당이 될 것이다. 식민과 분단, 억압과 착취에 맞서온 진보정치의 자랑스러운 전통을 계승하는 한편, 현실에 맞지 않는 오류와 한계는 극복할 것이다. 우리는 일하는 사람들의 정당이다. 일하는 모든 사람의 권리를 보호하고 확대하기 위해 폭넓은 연대를 주도할 것이다. 우리는 비정규직의 정당이다. 비정규직, 영세 자영업자, 청년 구직자와 같이 노동권의 사각지대에 있는 약자를 대표하는 데 우선적인 노력을 기울일 것이다.

녹색당

우리는 공동체 돌봄과 살림경제, 협동과 연대의 경제 속에서 대안을 발견합니다. 우리는 성장과 물신주의, 경제 지상주의를 넘어서는 정당이며, 화석연료와 핵에너지를 넘어선 태양과 바람의 정당, 문명사적 전환을 만드는 녹색정당, 반정당의 정당입니다. 따라서 우리의 대안정치는 기성정당과 같을 수 없습니다. 우리는 보편적 인권을 넘어 생활정치·다양성 정치·녹색정치를 통해 소수자와 생명과 자연을 옹호합니다.

진보 성향이 짙은 정의당은 스스로를 비정규직의 정당이라 명명하고 진보의 가치를 추구한다고 밝힌다. 특히 노동자들의 권리 보호를 강조하는 점이 진보 이념과 잘 연결된다.

그런데 특이하게도 녹색당의 강령은 다른 정당 강령들과 살짝 다르게 느껴진다. 녹색당은 강령을 통해 자신들은 특정 집단의 이익이 아닌, '환경 보호'의 이념을 중심으로 모인 정당이라는 것을 밝힌다. 즉 정당은 사회에 혼재하는 이익뿐 아니라 이념도 집약할 수 있다는 점을 녹색당의 강령을 통해 알 수 있다.

최근 들어서는 기독자유당처럼 종교적 가치를 추구하는 정당이나, 자칭 흙수저 청년들이 모여 형성한 민중연합당처럼 다양한 이익과 이념을 대변하는 정당이 생겨나고 있다. 어떤 정당 이념이 옳은지 그른지, 보수와 진보 중 어느 쪽이 바람직한지를 평가할 수는 없지만

후원금

정당이 아닌 개인을 응원하고 싶은가? 그렇다면 후원금에 대해서 꼭 알아두자. 우리는 선거관리위원회에 등록된 후원회에 기부할 수 있다. 이것은 대리인에게 주는 인센티브로 볼 수 있다!

후원금을 통해 특정 정치인에 대한 지지를 표현하는 것은 자발적인 정치 참여다. 후원금은 대다수 국민에게 열려 있는 동시에 후원회를 거치는 방법이므로 투명한 정치자금 조달에 이바지하기도 한다. 결국 후원금은 단순한 기부금이 아니라 민주주의의 주인인 유권자에게 주어진 또 하나의 장치인 셈이다.

참고로 국회의원 후원회들은 1년에 1억 5,000만 원, 선거가 있는 해에는 3억 원까지 후원금을 모금할 수 있다.

다양한 사람들의 권리와 자유를 인정하는 민주사회에서 다양한 정당의 공존은 그 자체로 의미가 있지 않을까?

정당에 힘을 보태는 방법, 정당을 만드는 방법

정당 강령을 읽어보았는가? 마음에 드는 정당이 있던가? 그렇다면 여러분도 정당에 힘을 보탤 수 있다! 선거철까지 기다리지 않고도 말이다. 바로 해당 정당에 가입하는 것이다! 정당에 가입하고 당비를 내는 것을 통해 여러분은 마음에 드는 정당의 선거 준비나 정책 연구 등에 큰 힘이 되어줄 수 있다.

정당에는 국회의원만 있는 건 아니다. 특이한 공약으로 이목을 끈 허경영, TV 프로그램에서 자주 보이는 유시민, 서울시장 박원순 등도 역시 정당인이다. 확실하지는 않지만 여러분의 부모님이나 친구, 직장 상사가 정당인일 수도 있다. 즉 국회의원이 아니어도 정당인, 다른 말로 당원이 될 수 있다. 정당 가입의 문은 우리에게도 열려 있다. 정당법에 제시된 조건들만 충족한다면 말이다.

제22조(발기인 및 당원의 자격)

① 국회의원 선거권이 있는 자는 공무원 그 밖에 그 신분을 이유로 정당 가입이나 정치활동을 금지하는 다른 법령의 규정에 불구하고 누구든지 정당의 발기인 및 당원이 될 수 있다. 다만, 다음 각호의 어느 하나에 해당하는 자는 그러하지 아니하다.

1. 「국가공무원법」 제2조(공무원의 구분) 또는 「지방공무원법」 제2조(공무원의 구분)에 규정된 공무원. 다만, 대통령, 국무총리, 국무위원, 국회의원, 지방의회의원, 선거에 의하여 취임하는 지방자치단체의 장, 국회의원의 보좌관·비서관·비서, 국회 교섭단체 대표의원의 행정비서관, 국회 교섭단체의 정책연구위원·행정보조요원과 「고등교육법」 제14조(교직원의 구분)제1항·제2항에 따른 교원은 제외한다.

2. 「고등교육법」 제14조 제1항·제2항에 따른 교원을 제외한 사립학교의 교원

3. 법령의 규정에 의하여 공무원의 신분을 가진 자

② 대한민국 국민이 아닌 자는 당원이 될 수 없다.

이처럼 국회의원 선거권이 있는 대한민국 국민이면서 정치적 중립을 지켜야 하는 직업을 가지고 있지 않다면 누구나 입당신청을 할 수 있다. 특별히 사회적으로 물의를 일으켜 정당 쪽에서 당원으로 받아들이기 부담스러운 사람이 아닌 이상, 대부분의 정당은 입당 신청을 받아들이고 당원이 된 것을 환영할 것이다. 이렇게 당원이 되면 해당 정당의 인원수 증대, 그리고 납입하는 당비를 통해 가입한 정당의 활동을 지지하게 된다. 나아가 본인이 원한다면 정당에서 주최하는 토론회나 행사에 참여하여 적절한 비판과 토론을 할 수도 있고, 당내 투표권을 얻어 당 대표 선거 등 당의 정치에 참여할 수도 있다.

어떠한 정당을 응원하고 싶지만, 정당에 가입할 수 없는 사정이 있다면 기탁금을 통해 정당을 돕는 방법도 있다. 정당에 기부하고자 하는 개인은 선거관리위원회에 정치자금을 기탁하고 해당 정당에게 기탁금을 전달해달라고 요청하면 된다. 그런데 선거관리위원회가 중간에 개입하는 이유는 무엇일까?[10] 기탁금을 중앙선거관리위원회가 정당에 배분함으로써 청탁 등의 부작용을 예방할 수 있기 때문이다.

기탁금 제도는 특이하게도 정당 가입 및 후원금 기부가 금지된 공무원과 사립학교 교원에게도 열려 있다. 정치적 중립을 지켜야 하는 사람들도 접근할 수 있는 더 보편적인 방법이다. 팍팍 밀어주고 싶은 정당이 있다면 선거 전에도 언제든지 힘을 보탤 수 있다는 점을 기억해두자!

그림 14 정치후원금 제도[11]

그런데 혹시 마음에 드는 정당이 없는가? 그렇다면 정당을 우리 손으로 만들 수도 있다. 우리나라는 "우리가 정당을 만들어도 될

까?" 하고 국가에 허락을 구하는 허가제가 아니라, "우리가 이런 정당을 만들 거다!" 하고 국가에 통보하는 등록제를 채택하고 있다.

정당법의 몇 가지 조건들만 만족한다면 우리도 얼마든지 정당을 만들 수 있다. 그럼 만약 학생들의 이익을 대변하는 정당, '학생이당'을 만든다고 했을 때, 새로운 정당은 어떤 과정을 거쳐 만들어질까? 우선, 앞서 살펴본 정당법 22조에 따라 공무원, 교직원, 미성년자 등을 제외한 우리나라 국민은 누구든 정당을 만들 수 있다. 이 외에 또 충족시켜야 하는 조건이 있을까?

정당법 제17조(법정 시·도당 수)

정당은 5 이상의 시·도당을 가져야 한다.

정당법 제18조(시·도당의 법정 당원 수)

① 시·도당은 1천인 이상의 당원을 가져야 한다.

② 제1항의 규정에 의한 법정 당원 수에 해당하는 수의 당원은 당해 시·도당의 관할구역 안에 주소를 두어야 한다.

정당은 수도인 서울에 소재하는 중앙당 외에도 최소 5개의 시·도당을 가져야 한다. 게다가 각 시·도당마다 1,000명 이상의 당원이 있어야 한다. 합쳐서 최소 5,000명의 당원이 필요한 셈이다. 5,000명에게 지지를 받기 위해서는 그보다 많은 사람에게 '학생이당'의 규칙을 설명하고 홍보해야 하니 생각보다 더 어려운 일처럼 보인다. 이는 너무 적은 수의 당원들로 구성된 정당들이 우후죽순 등장하는 것을 막기 위함이다. 투표지에 100개도 넘는 정당이 있다면 다당제가 오히려 주인들의 선택을 방해하는 꼴이 될 테니 말이다.

정당법 제44조(등록의 취소)

2. 최근 4년간 임기만료에 의한 국회의원선거 또는 임기만료에 의한 지방자치단체의 장선거나 시·도의회의원선거에 참여하지 아니한 때

이렇게 겨우겨우 5,000명 이상의 사람들을 모아서 '학생이당'을 구성하면 정당으로 인정받을 수 있을까? 물론 당장은 정당이 될 수 있겠지만 그게 다는 아니다.

정당으로 인정을 받은 후에도 정당 활동을 지속하려면 정당의 가장 큰 역할 중 하나인 선거 참여를 지속적으로 수행해야 한다. 즉 선거에 참여함으로써 정당 활동을 증명하지 않으면 정당의 지위를 잃게 된다. 따라서 '학생이당'이 등록 취소 판정을 받지 않고 계속 활동하려면 학생들의 권익을 증진하는 다양한 정책을 만들고 이를 주인들에게 알리면서 선거에 꾸준히 참여하여야 할 것이다.

이렇듯 정당이 실제로 출범하여 활동하기란 생각만큼 쉽지 않아 보인다. 정당 설립 및 활동의 자유를 보장하기 위해 정당법은 계속 보완을 거치고 있다. 예를 들어 원래 총선에서 2% 이상의 정당 득표율을 얻지 못하면 정당의 등록을 취소한다는 법이 존재했었다. 하지만 2014년 헌법재판소는 이것이 신생 정당과 작은 정당들의 존속과 활동을 방해한다고 판단하여 위헌 판결을 내렸다. 또한 지금의 정당

법은 당원의 자격을 국회의원 선거권이 있는 자로 정하고 있어 19세 이상만 당원이 될 수 있는데, 이보다 더 어릴 때부터 정당에 가입할 수 있는 제도적 여건을 만들기 위해 중앙선거관리위원회는 16세 이상 청소년의 정당 가입을 허용하는 정당법 개정 작업을 추진 중이다. 청소년들의 정치 경험을 늘리자고 주장하는 목소리도 높다.

　정당 제도가 완벽할 수는 없다. 하지만 우리가 정당의 주인임을 잊지 않고 우리의 의견을 잘 반영할 수 있는 제도를 모색한다면 지금보다 나은 정당 정치를 만들 수 있을 것이다!

정당의 미래

당신이 지지하는 정당이 마음에 들지 않는 정책을 밀어붙이려 할 때 당신은 어떤 방법으로 이것을 막을 수 있을까? 혹은 당신이 꿈꾸는 정책을 어떻게 정당에게 전달할 수 있을까?

　과거였다면 이런 상황에서 정당에 직접 찾아가거나 전화를 했을 것이다. 하지만 지금은 이보다 훨씬 손쉬운 방법이 있다. 인터넷을 이용하면 된다. 온라인에서는 쉽고 빠르게 많은 사람과 의견을 공유할 수 있고 그 파급력도 상당하다. 그래서 대다수의 정당과 정치인들은 자연스럽게 인터넷과 소셜미디어를 통해 시민들과 소통하고 지지 기반을 모으게 되었다.

　이미 우리나라의 주요 정당들은 온라인에서 당원 가입을 할 수

그림 15 더블어민주당 홈페이지

있게 했다. 2015년 새정치민주연합이 우리나라 최초로 온라인 당원 가입을 시작한 이후 그러한 방식이 정착되었다. 이전에는 당원으로 가입하려면 직접 정당에 방문하거나 우편 또는 팩스를 보내야 했다. 하지만 과거와 같은 번거로운 방법 대신 클릭 몇 번으로 간편하게 정당에 가입할 수 있게 되었다. 지금 이 책을 읽고 있는 여러분도 옆에 둔 휴대폰으로 정당 사이트에 접속해 온라인 가입 신청을 하면 바로 당원이 될 수 있다.

그런데 앞으로 온라인을 통한 정당 정치 참여는 정당 가입을 넘어 시민들이 직접 정당을 만드는 차원으로 확대될 수도 있다. 대표적인 예가 바로 이탈리아의 '오성운동Movimento 5 Stelle'과 스페인의 '포데모스Podemos'이다. 이탈리아의 오성운동은 2009년 이탈리아 코미디언인 베페 그릴로 주도로 만들어진 정당이다. 당시 베페 그릴로는 블로

그를 통해 정치 풍자를 했는데, 정치 부패에 염증을 느끼던 시민들이 그의 블로그를 중심으로 의견을 내던 것이 정치 조직으로 확대되었다.[12] 오성운동은 창당 이후 지금까지 온라인 투표를 통해 선거에 나갈 후보자를 정해왔다. 그 결과 오성운동은 로마 최초의 여성 시장을 배출하기도 했으며 현재 이탈리아의 제1야당으로 부상했다.

한편 2015년 스페인에서는 정당 정치에 새로운 돌풍이 불어 화제가 됐다. 창당한 지 3년이 채 되지 않은 포데모스가 기존 양당 구조를 깨고 제3당으로 부상했기 때문이다.[13]

스페인어로 '우리는 할 수 있다'를 뜻하는 '포데모스'는 온라인 플랫폼을 기반으로 성장한 정당이다. '레딧Reddit'이라는 소셜 뉴스 웹사이트와 '루미오Loomio'라는 애플리케이션을 통해 시민 누구나 서로 토론할 수 있게 만든 것이 가장 큰 성공 요인이었다. 온라인 공론장에서의 토론을 통해 시민들은 포데모스의 선거 공약과 당론을 제안·결정할 수 있고 선거에 나갈 후보를 직접 뽑을 수 있다. 온라인을 바탕으로 전개된 오성운동과 포데모스의 전략은 정당을 투명하게 만들고 시민들의 직접 참여를 이끌어내었다는 평가를 받았다.

정당을 어렵고 딱딱한 단체가 아닌 우리의 모임으로 만들기 위해 온라인 공간에서 모인 사람들, 이들은 공식적인 정당은 아니지만 어쩌면 시민 가까이서 숨 쉴 수 있는 미래 정당의 첫걸음이 되지 않을까?

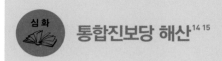
"다른 건 틀린 게 아니야."

누구나 한 번쯤은 들어봤을 법한 말이다. 참 좋은 말이다. 과연 다르다는 건 어디까지일까? 어느 정도까지의 다름을 우리는 틀리지 않았다고 말할까? 대한민국의 민주주의는 어떤 정당까지를 인정하고 어떤 정당부터 틀렸다고 말하고 있을까?

만약 정당이 민주주의를 파괴하려 한다면 어떨까?

이와 관련된 사례로 2014년 헌법재판소가 헌정 사상 최초로 결정한 통합진보당 해산을 들 수 있다. 헌법재판소의 결정에 따라 그 즉시 통합진보당이라는 정당이 해산되었고, 다시는 '통합진보당'이라는 이름을 정당의 이름으로 쓸 수 없게 되었다.

또한 통합진보당의 강령과 같거나 유사한 기본 정책을 가진 정당도 창당이 금지되었다. 말하자면 헌법재판소가 통합진보당은 다른 게 아니라 '틀리다'고 결정한 셈이다. 이때 유엔 인권위원회는 그 결정에 반대하는 권고문을 발표했다. 이런 일이 일어난 이유는 무엇인지, 헌법재판소의 판결문과 유엔 권고문을 통해 살펴보자.

헌법재판소의 의견

헌법재판소는 통합진보당이 "북한식 사회주의를 실현하고자" 하였고, "대한민국 체제를 파괴하려는 북한과 대치하고 있는 특수한 상황"을 고려할 때, 통합진보당 정당 자체에 대한 "해산 결정 외에는 고유한 위험성을 제거할 수 있는 다른 대안이 없다"고 보았다.

좀 더 쉽게 풀어 말하자면 대한민국 민주주의하에서는 특정 정당의 활동이 민주적 기본 질서를 침해한다면, 그 정당을 강제로 해산할 수 있다는 뜻이다. 특히 그 정당의 활동이 "자신의 의사를 관철하기 위해 폭력 등을 적극적으로 사용"한다면, 민주주의 정당으로서의 정당성을 잃은 것으로 본다.

만일 북한을 추종하는 정당이 우리나라의 제1당이 된다면 어떨까? 내란선동 혐의로 유죄를 선고받은 통합진보당의 이석기 의원은, 일반 국민이 접근하기 어려운 기밀 사항을 정부에 요청한 바 있다. 내용은 전력 공급이 중단될 때 우리나라 방송통신산업이 어떻게 대비할 것인지, 사용 후 핵연료 처리 방안은 어떻게 되는지 등이었다.

이러한 정보가 북한으로 넘어간다면 우리나라의 안보가 위협받게 될 것이다. 따라서 헌법재판소는 통합진보당이 국가안보에 위협이 된다고 판단해 통합진보당을 정당으로 인정하지 않았다.

인권위원회와 국가보안법 제7조

그렇다면 유엔은 왜 통합진보당 해산을 비판했을까?

국가보안법은 헌법재판소가 통합진보당을 해산하는 데 가장 중요한 근거 중 하나였다. 그런데 유엔 인권위원회는 국가보안법이 잘못된 법이라고 주장한다. 따라서 그 법에 따라 결정된 통합진보당 해산 역시 정당하지 못하다고 보는 것이다.

국가보안법 제7조는 반국가단체나 그 구성원의 활동을 찬양·고무·선전하거나 그에 동조한다는 이유로 7년 이하의 징역에 처할 수 있도록 한다. 문제는 "그 구성원의 활동을 '찬양'"한다는 말이 모호하다는 점이다.

북한 어린이에게 노래를 잘한다고 말하거나 북한 측의 남북 문화 교류 제의에 찬성 의견만 보여도 최대 7년간 징역살이를 할 수 있다. 이러한 행동도 범죄로 취급될 수 있다는 점은 죄 없는 사람이 범죄자로 몰릴 위험이 있다는 뜻이며, 그 결과 사람들은 자신의 의견을 적극적으로 말하지 못하게 된다. 이는 진정한 민주주의 국가라면 마땅히 보장해야 할 다양한 의견의 표현과 정당한 사회적 논의를 방해한다. 정당 해산이 사회에 미치는 파급력을 고려할 때, 정당 해산은 최후의 수단이어야 한다.

여러분은 헌법재판관의 말처럼 민주적 기본 질서를 침해하는 정당은 존재할 수 없다고 보는가?

아니면 민주주의에 반하는 정당이라도 민주적 절차를 존중하여 그대로 두어야 한다고 생각하는가?

03

•

선거

•

2008년 6월, 강원도 고성군수 재보궐 선거에서 두 후보가 같은 수의 표를 얻는 해프닝이 발생했다. 이에 예외적으로 재검표를 하였고 한 표가 무효 처리되어 단 한 표 차이로 고성군수를 결정짓게 되었다. 선거는 대의민주주의에서 주인이 대리인을 뽑는 매우 중요한 절차인 만큼 공정함과 신중함을 필요로 하는 작업이기도 하다. 우리는 왜 한 표라도 더 얻은 사람이 선거에서 승리하는 제도를 택하게 되었을까? 그리고 어떤 선거 제도가 가장 공정하다고 말할 수 있을까? 우리는 우리의 대리인을 잘 선출하고 있을까?

선거로 뽑힌 사람과 아닌 사람 구분하기

'공무원' 하면 누가 떠오르는가? 동사무소의 직원부터 국방부 장관, 서울시장 그리고 대통령까지 이 사람들 모두를 공무원이라고 부른다. 하지만 국민을 대신하여 국가의 일을 하는 이 '공직자들'은 그 자리에 따라 뽑는 방법이 달라지곤 한다. 같은 공직자들인데도 뽑는 방식에 차이가 있는 이유는 무엇일까?

민주주의에서 선거는 중요한 의미를 지닌다. 대표자는 우리의 세금을 어떻게 쓸지 '대신 결정해주는 사람'이다. 국민이 낸 세금으로 국가를 운영하고 앞으로 얼마나 세금을 걷고 쓸지 결정한다. 그런데 만약 이들이 시험으로 뽑힌다면 세금을 쓸 때 국민의 눈치를 덜 보게 되지 않을까? 어차피 시험만 잘 보면 대표자가 될 수 있으니 말이다. 대표자가 눈치를 보지 않고 세금을 쓰게 된다면 대통령은 자신만을 위한 궁전을 지을 수도 있고 국회의원들은 자신의 월급을 2배로 올려버릴 수도 있다. 그러나 정작 세금을 내는 국민은 이를 막을 수 없을 것이다.

하지만 국민이 선거로 대표자들을 뽑는다면 이야기는 180도 달라진다. 선거는 국가의 주인인 국민이 직접 대표자를 고르는 과정이다. 자기 돈을 관리할 자산관리사를 스스로 선택하는 것에 비유할 수 있다. 우리는 재산을 가장 잘 관리해줄 사람을 직접 고르고 계약을 맺음으로써 그 사람에게 우리의 재산을 관리할 권리를 양도해준다. 선거도 마찬가지다. 국민은 국가를 가장 잘 운영해줄 대표자를 골라 그가 국가를 운영하는 것을 허락해준다. 이는 국민이 대표자에게 '정당성'을 부여하는 과정으로 국가의 진정한 주인이 국민임을 드러낸다.

선거로 뽑히는 정치인들은 국민의 눈치를 볼 수밖에 없다. 정기적인 선거는 대표자의 임기를 제한함으로써 한 사람이 너무 오래 대표자를 할 수 없도록 만들었을 뿐만 아니라 대표자가 국민의 뜻과 반대되는 결정을 내리기 힘들게 만들었다. 즉 정치인들은 대표자로 뽑히기 위해 국민이 선호하는 방향으로 국가를 이끌어갈 것이라 약속해야 하며 이후에도 대표자로 뽑히고 싶다면 그 약속을 지켜야 한다. 이러한 이유로 우리는 선거를 통해 '공직자들'을 뽑기로 결정했다.

그렇다고 동사무소 직원부터 국방부 장관, 서울시장 그리고 대통령까지 모두 선거로 뽑을 수 있을까? 비용과 시간이 너무 많이 소모될 것이 뻔하니 그건 좀 힘들다. 그래서 자리에 따라 뽑는 방법을 다르게 했다. 대통령, 국회의원, 지방자치단체장은 선거로, 장관은 대통령의 임명으로, 동사무소 직원은 시험으로 각각 그 자리에 있게 된다. 그렇다면 임명과 시험은 어떤 이유로 선거를 대신하게 되었을까?

행정부의 각 부처를 이끄는 장관들은 국무회의에 참석하여 대통령이 설정한 방향대로 정책을 실행할 수 있게 돕는 사람들이다. 다른 말로 '국무위원'이라 한다. 그렇기에 장관들은 각 분야의 전문가인 동시에 '대통령의 편'으로서 행정부를 함께 꾸려나갈 사람이어야 한다. 대통령에 의해 임명된 장관은 자신의 인사권을 쥔 대통령이 설정한 방향에 따라 정책을 만들면서 각 행정부처를 이끈다. 이처럼 행정, 즉 나라 살림의 효과성과 통일성을 위해 장관은 행정부의 수장인 대통령이 임명한다.

판검사, 외교관, 동사무소 직원 등 그 외 공무원들은 시험으로 뽑힌다. 이들은 더욱 전문적이고 구체적인 국가 업무를 담당하기 때문이다. 법이나 국제관계 등의 영역은 누구나 다룰 수 있는 분야가 아니다. 이를 담당할 공무원은 더욱 엄격한 심사를 통해 뽑혀야만 한다.

결국 우리는 최종 책임자들이자 가장 강력한 힘을 가진 대리인들만을 선거로 뽑는다. 선거로 뽑는 대리인과 그렇지 않은 대리인을 구분함으로써 방향은 우리 손으로 설정하지만, 구체적으로 나아가는 데 필요한 일들은 전문가들에게 맡길 수 있게 된다.

2위를 당선자로 만드는 법이 궁금하다면? 선거 제도!

1952년 7월, 우리나라의 첫 개헌이 이루어졌다. '발췌 개헌'이라 알려진 이 사건은 이승만 대통령의 재선을 위한 조치였다. 개헌이 아니었다면 1952년 8월의 제2대 대통령 선거는 국회 간선제로 치러졌을 것이다. 이승만 전 대통령은 1950년 국회의원 선거에서 자신의 편이 충분히 당선되지 못하자 국회를 통한 간접선거로는 자신이 당선되기 힘들다고 생각했다. 그래서 그는 국회의원에 의한 간접선거를 직선제로 바꾸려고 했다. 그 과정에서 여러 사람이 구속되었다. 협박을 받거나 정치적 자유를 침해당한 이들도 있었다. 왜 이런 부작용을 감수하면서까지 대통령 선거 방식을 바꾸려고 했을까?

그 이유는 바로 선거 제도가 승패를 가르는 아주 중요한 요인이기 때문이다. 선거 결과가 제도에 따라 어떻게 바뀔 수 있는지 한 번 확인해보자.

단순다수제를 따르면 가장 많은 표를 받은 후보A가 당선된다. 하지만 결선투표제에서는 이야기가 달라질 수 있다. 결선투표제란 특정 비율의 당선 조건을 만족하는 후보가 없을 때 상위 후보 몇 명을 대상으로 다시 투표하는 방법이다. 당선 조건을 50%로 설정하고 그 이상의 지지를 받은 후보가 없으므로 후보A와 후보B로 결선투표를 진행하는 경우에는 다양한 결과가 생길 수 있다.

첫 투표와는 달리, 1차 투표에서는 2위였던 후보B가 승리하게 되었다! 이렇게 특정 비율, 즉 일정한 수의 표를 얻어야 당선이 되는 방식을 절대다수제라 부른다.

단순다수제인지 결선투표제를 적용한 절대다수제인지에 따라 결과가 달라진다. 우리가 당연하게 받아들였던 선거 제도가 사실은 절대적이지 않다.

이렇듯 선거 제도는 승자를 바꿀 수도 있는 중요한 규칙이다. 이는 비단 과거 한국의 이야기만은 아니다. 2016년 겨울, 도널드 트럼프는 힐러리 클린턴을 이기고 미국 대통령으로 당선되었다. 한 가지 흥미로운 소식은 국민 전체의 투표에서는 클린턴이 트럼프보다 200만 표 이상을 더 얻었다는 것이다. 어떻게 더 많은 국민의 지지를 받은 후보자가 패배하였을까? 이는 승자독식제라는 미국의 특이한 선거 제도 때문이다.

미국에서는 당락을 가릴 때 국민 전체의 투표 총수를 그대로 반영하지 않는다. 미국은 특이하게 '선거인단'이라는 제도를 두는데, 이 선거인단이라는 제도 때문에 트럼프처럼 더 적은 국민의 지지를 받고도 당선되는 경우가 발생한다. 이 선거인단에 대해 알아보자.

미국의 각 주는 상원의원과 하원의원을 합친 수만큼의 선거인단을 가진다. 하원의원은 인구 비례로 그 수가 정해지므로 당연히 각 주의 하원의원 정수, 나아가 선거인단의 규모에는 차이가 생긴다. 미국 유권자가 투표하면 주별로 표가 집계되고 특정 주에서 절반 이상의 지지를 받은 후보자가 해당 주의 선거인단 전체를 가져간다. 두 후보자가 각각 49%와 51%의 표를 얻은 상황이라 해도 51%의 표를 얻은 후보자가 해당 주 전체의 득표를 차지한다는 것이다! 즉 트럼프는 클린턴보다 많은 선거인단을 확보한 덕분에 승리를 거둘 수 있었다. 간단히 말해 제45대 미국 대통령 선거는 트럼프의 선거인단 290명과 클린턴의 선거인단 232명의 게임이었다. 선거 제도는 이같이 국민의 대리인을 결정하는 방식이므로 중요할 수밖에 없다.

한편 우리나라는 현재 소선거구제를 채택하여 한 선거구에서 한 명을 뽑는다. 그런데 더 많은 사람을 뽑는 중(대)선거구제로의 개편이 논의되고 있다. 개편을 주장하는 사람들은 각 선거구에서 1등이 아닌 후보자들에게도 기회를 줌으로써 유권자들의 선택을 고루 반영하고 여러 정당과 정파가 공존하는 환경을 만들 수 있다고 말한다. 지역주의와 특정 정당의 패권을 무너뜨릴 힘을 기대하는 것이다.

하지만 각 정당이 자신에게 유리한 지역구에 여러 명을 공천한다면 오히려 역효과가 난다. 한 자리도 아니고 몇 자리를 특정 정당 출신들이 채울 테니까 말이다. 거기에다 너무 낮은 득표율로 당선이 되는 경우가 발생할 위험도 있다.

결국 소선구제냐 중(대)선거구제냐의 문제 역시 당선자를 정하는 방법을 둘러싼 논쟁이라 할 수 있다.

지역구

20대 총선을 앞두고 서울특별시 강남구가 갑·을·병의 선거구로 나뉘었다. 그 이전까지 강남구 선거구는 갑·을로 분구되어 있었다. 그러나 선거구가 새로이 획정되었고, 강남구을 선거구에서 더불어민주당 전현희 의원이 당선되었다. 당시 보수정당이었던 새누리당의 텃밭에서 의석을 획득할 수 있었던 것은 선거구 변화의 덕이 컸다. 강남구에서 비교적 높은 비율로 더불어민주당을 지지했던 동네들이 을 선거구로 묶였기 때문이다.

선거구가 바뀌면서 선거 전략을 다시 짜거나 원래의 지역구를 잃어버린 의원들도 생겨났다. 이러한 불편을 감수하면서까지 선거구 획정에 시간과 노력을 들이는 이유는 선거구가 선거의 공정성과 관련이 있기 때문이다. 정당들과 후보자들은 정정당당하게 승부를 펼칠 수 있어야 하고 유권자들의 표는 동등한 가치를 지녀야 한다. 따라서 지역별 특성과 인구 등을 고려하여 신중하게 선거구를 정한다.

그런데 강남구을 선거구의 예에서 알 수 있듯 선거구는 선거 결과에 영향을 끼친다. 그렇다면 정당 입장에서는 유리한 곳에서 지역구를 늘리거나 불리한 곳에서 지지자들을 끌어모아 의석을 한 자리라도 더 확보해야 하지 않을까? 그래서 때로는 '잘못된' 줄이 그어지기도 한다.

[그림 16][17]은 굉장히 유명한 사진이다. 1812년 선거를 앞둔 미국에서 엘브리지 게리라는 사람이 자신이 소속된 당에 유리한 모양으

그림 16 게리맨더링[16]

로 선거구를 정하였다. 인위적인 선거구의 모양이 샐러맨더(타오르는 불 속에서 산다는 상상의 동물)와 닮았기에 게리가 한 일을 두고 그의 이름을 붙여 게리맨더링이라 불리게 되었다.

선거구를 새로 정하는 일은 때에 따라 필요한 작업이며 일종의 정치적 기술이기도 하지만, 억지스러운 분할이나 통합이 이루어지면 곤란하다.

여기까지 살펴보니 선거구만 잘 그리면 못 이길 선거도 이길 수 있을 것만 같은 느낌이 든다. 그렇다면 선거구는 어떻게 쓰일까? 국회의원 선거 투표소에 가면 우리는 2장의 투표용지를 받는데, 한 장에는 후보자의 이름과 소속 정당이, 다른 한 장에는 정당의 이름만 덩그러니 적혀 있다. 전자는 사람을, 후자는 정당을 뽑기 위한 용도다. 우리는 이를 각각 지역구 의원 선거, 비례대표 의원 선거라고 부른다. 바로 지역구 의원 선거에서 선거구의 역할이 생긴다. 각 선거구에서 가장 많은 표를 받은 후보자가 지역구 국회의원이 되는 것이다.

　지역구 국회의원은 보통 해당 지역을 잘 아는 사람, 해당 지역에서 잘 알려진 사람이 되는 경우가 많다. 그런데 일단 자기 지역구에서만 표를 많이 받으면 국회의원이 될 수 있기 때문에, 지역구 의원은 국민 전체를 대변하기보다는 자신의 지역구에 유리한 방향을 택한다. 예를 들어 농촌 지역구 의원의 정책 관심 분야가 농림수산 정책, 국토개발 정책 등 지역구의 이익과 밀접한 연관이 있다는 점이 이를 증명한다. 따라서 지역구 국회의원만으로 국회가 채워진다면 지역구 이익과 관련이 없는 사안은 무시될 가능성이 높다. 그래서 더욱 다양한 주인들의 의견을 반영하기 위해 비례대표 국회의원을 두었는데 이에 대해 살펴보자.

비례대표

1위만 당선되는 선거로만 국회의원을 뽑으면 소수 의견은 받아들여지지 않을 가능성이 커진다. 그 이유는 무엇일까? 유권자들은 자신의 표가 '사표死票', 즉 당선자를 뽑지 못하고 죽은 표가 되지 않기를 바란다. 그래서 1위만 당선되는 선거에서는 유권자들이 마음속으로는 소수 정당의 후보자를 지지할지라도 당선 가능성이 큰 거대 정당후보자에게 표를 던지는 경우가 많다. 그 결과 소수 정당의 후보자들은 실제 지지율보다 더 낮은 득표율을 기록하게 되고 국회에 진출할 확률은 매우 낮아진다.

이를 보완할 수 있는 제도가 바로 비례대표제다. 쉽게 말해 비율대로 나누는 방법이다.

위에서 말한 다른 한 장의 투표용지가 이때 쓰인다. 비례대표 의원 선거는 대통령 선거처럼 전국을 하나로 묶은 뒤 두 번째 선거용지를 통해 뽑힌 비율대로 정당들에 국회 의석을 나누어준다. 정당 득표율로 국회 의석수를 할당받으면 각 정당이 미리 제출한 비례대표 의석 명부의 순서에 따라 후보자들이 차례로 당선된다.

이 제도에서는 꼭 1등을 하지 않아도 당선이 될 수 있고 유권자는 자신의 한 표가 유의미하게 쓰인다고 느끼게 되므로 소수 의견을 대표하는 정당들에 도움이 된다.

현재 우리나라에서는 전체 국회 의석 300석 중 47석이 비례대표 의원 선거로 선출되며 특정 계층의 이익을 대변하는 소수 정당이 이 제도를 통해 국회에 진출한 사례가 있다.

게다가 비례대표제는 직업적인 전문성과 더불어 여러 계층, 성별 등 다양한 경험을 가지고 있는 사람들이 국회에 진출할 수 있도록 돕는다. 평생 정치만을 해온 국회의원들이 의학계나 문화계와 같이 특수한 분야에 알맞은 법안을 내기란 쉽지 않다. 또한 좋은 정책을 만드는 데 필요한 전문 지식을 갖춘 학자들이 지역구 의원 선거를 통해 당선되기도 어렵다.

이러한 상황을 보완하기 위해 비례대표제에서는 각 분야의 전문가들에게 상위 순번을 주곤 한다. 그 예로 바둑기사이자 20대 국회의원인 조훈현 씨가 있다. 조훈현 씨는 2016년 총선에서 새누리당 비례대표 14번으로 공천을 받아 20대 국회의원이 되었고, 바둑기사로서의 전문성을 살려 바둑진흥법안과 저작권법 개정안을 제출했다. 이렇듯 비례대표제는 우리나라의 다양한 구성원들이 정당을 통해 차별 없이 국회에 진출할 수 있도록 한다.

추가로 비례대표 의원은 지역구 의원과 달리 자신이 소속된 정당을 탈당할 경우 국회의원 자격을 잃는다. 앞서 말했듯 비례대표제에서 표를 받은 주체는 후보자 본인이 아니라 정당이기 때문이다.

무엇을 보고 후보를 고를까?

우리는 어떤 기준으로 후보자를 선택할까? 후보자를 선택하는 데는 당연히 다양한 기준이 있다. 후보자의 공약, 정당, 도덕성, 당선 가능성 등 후보자를 둘러싼 다양한 요인들이 후보자를 당선시키기도 낙선시키기도 한다. 여기서는 크게 후보자의 공약, 정당 그리고 도덕성에 관해 이야기해보자.

공약

공약은 대리인 후보자들이 주인의 돈을 어떻게 쓸 것인지, 나라의 방향은 어떻게 정할 것인지 등을 미리 약속하는 것이다. 그렇기에 공약은 알게 모르게 우리 삶에 많은 영향을 끼치는 정책들로 이어진다.

실제로 유권자들은 각 후보자의 공약을 보고 더 좋은 공약, 나의 삶에 도움이 되는 공약을 내건 후보자를 선택하고 있다. 예를 들어 대학생들은 반값등록금이나 청년수당을 공약으로 내건 후보자를, 노인들은 노인복지수당을 주는 후보자를 지지한다. 그만큼 선거에서 공약은 큰 화젯거리이고 지지층을 모으는 데 필수적이다.

특히 대통령 선거에서 공약은 큰 이슈가 되곤 한다. 나라 살림을 하는 행정부의 수장을 뽑는 선거이기 때문이다. 이전 대통령 선거에는 어떤 공약들이 있었을까?

16대 대선에서는 노무현 후보자의 '행정수도 건설' 공약이 화제가 되었다. 이 공약은 충청권에 새로운 행정수도를 건설하여 수도권 과밀화를 해소하고 국토의 균형 발전을 이루겠다는 내용이었다. 이에 충청도를 비롯한 지방의 많은 사람은 지방의 발전을 기대하며 노무현 후보를 지지했다.

반면 수도권에 많은 부동산을 소유한 유권자들에게는 행정수도 공약이 썩 달갑지 않았다. 노무현 후보의 공약대로 수도권의 과밀화를 없애면 그만큼 수도권 집값이 떨어질 확률이 높았기 때문이다.

그렇지만 결국 16대 대통령으로 노무현 후보가 당선되었고 노무현 전 대통령은 행정수도 이전 계획을 발표했다. 계획 실행 중간에 행정수도 이전 특별법이 위헌 판결을 받으며 계획이 폐기되긴 했지만, 공약의 결과로 2012년에 행정 중심 복합 도시 '세종특별자치시'가 출범하였다.[18 19 20 21]

한편 17대 대선에서는 후보자들의 공약을 두고 논란이 일기도 했다. 무소속으로 출마한 허경영 후보는 '결혼수당 1억 원, 출산수당 3,000만 원'이라는 파격적이고 엉뚱한 공약을 내걸어 온라인상에서 화제가 되었다.

또한 한나라당 이명박 후보는 '한반도 대운하 건설' 공약으로 많은 환경단체의 비판을 받았다. 특히 이명박 후보의 '한반도 대운하 건설'은 이 후보의 지지자들도 재검토를 요구했을 만큼 문제가 많은 공약이었다. 그런데도 이명박 후보가 17대 대통령으로 당선되면서 한반도 대운하 건설 공약은 많은 반대를 무릅쓰고 '4대강 살리기 사업'으로 이름만 바뀐 채 추진되었다.

이처럼 모든 유권자가 항상 공약으로 후보자를 뽑는 것은 아니며 공약이 좋은 후보가 무조건 뽑히는 것도 아니다. 후보자가 많은 경우 일일이 공약을 확인하기 번거롭기도 하고 때로는 후보자들의 공약이 비슷해 보이는 경우도 있으며 결정적으로 어느 것이 좋은 공약인지 판단하는 것은 정말 어려운 일이기 때문이다.

정당

정당은 유권자들의 선택에 큰 영향을 끼친다. 후보자에 대해 잘 모르는 경우 정당이 그 후보자의 정책이나 이념을 대변해준다고 여기거나 어떤 후보자가 당선됨으로써 그 후보자가 속한 정당이 집권하기를 바라기 때문이다. 우리나라에서 지금까지 당선된 모든 대통령은 무소속 후보가 아닌 특정 정당의 후보였다.

그런데 혹시 '여촌야도與村野都'나 '지역주의'라는 말을 들어보았는가? 여촌야도는 농촌 사람들은 여당에, 도시 사람들은 야당에 투표하는 현상을 가리키는 말이다. 이는 과거 독재정부 시절 비롯된 현상이다. 공교육을 통해 민주주의 개념이 퍼진 도시에서는 독재에 반대하는 야당에 투표하는 사람들이 많았던 반면, 농촌은 농지개혁 이후 자작농을 중심으로 보수화되면서 여당에 투표하는 경향이 강했기 때문이다.

이 여촌야도 현상은 출신 지역을 강조하는 정치인들로 인해 '지역주의'로 바뀌었다. 지역주의는 특정 지역에서 특정 정당에만 투표하는 행태다. 경상도는 보수정당에, 전라도는 민주당 계열에 투표하는 현상은 한동안 우리나라 선거의 큰 문제로 자리 잡고 있었다.

지역주의하에서는 정당의 정책이나 후보자의 공약과는 무관하게 해당 지역의 정당이라면 무조건 표를 얻을 수 있다. 따라서 정당은 자신을 지지해주는 지역 유권자들의 눈치를 볼 필요가 없게 된다.

하지만 지금은 이 지역주의가 많이 흐려지고 있다. 물론 완전히 지역주의로부터 자유로워진 것은 아니다. 이제 유권자들은 무조건 특정 정당의 후보를 뽑아주기보다는 자신의 지역에 이익을 가져다줄 정당과 후보자를 선택한다.

도덕성

후보자의 도덕성 또한 유권자들의 선택에 영향을 끼친다. 우리는 당연하게도 국가의 일꾼이 도덕적이기를 바란다. 부도덕한 후보자의 경우 공약을 제대로 이행할지도 불확실하다는 우려가 생기기에 도덕성은 후보자를 선택하는 데 중요한 요소로 작용한다.

그동안 한국의 선거에서는 후보자의 비리와 사생활 등이 자주 논란을 일으켰다.

2014년 서울시 교육감 선거에서 고승덕 후보는 미국에 사는 딸이 가정사를 폭로하면서 자질 논란에 휩싸였고 결국 낙선했다. 2011년 서울시장 보궐선거에서 나경원 후보는 '1억 원 피부과'를 다닌다는 의혹으로 역시 낙선했다. 후보자의 공약과는 무관하게 후보자의 사생활이 선거 결과에 막대한 영향을 끼친 셈이다.

하지만 그렇지 않은 경우도 있다. 2007년 17대 대선에서 이명박 후보의 BBK 의혹이 그 예다.

당시 한나라당 이명박 후보자는 투자자문사인 BBK의 실소유주로서 주가를 조작하고 횡령했다는 의혹을 받았다. 그뿐 아니라 도곡동 일대 땅을 차명으로 소유하고 있다는 의혹도 제기되었다. 하지만 여러 의혹에도 불구하고 이명박 후보는 17대 대통령으로 당선되었으며 이듬해 검찰은 조사 결과 무혐의 처분을 내렸다.

공천과 경선

공천은 "공직선거에서 정당이 후보자를 추천하는 것"의 줄임말이다. 각 정당에서는 대통령 또는 국회의원이 될 만한 사람을 뽑아 해당 정당의 후보자로 추천한다. 선거에서 뽑힐 것 같은 사람을 각 정당이 추천하는 것이다.

공천은 선거에서 매우 중요하다. 왜 그럴까? 그 이유는 간단하다. 우리나라의 정치에서 정당이 중요하기 때문이다. 정당은 이념적인 정체성을 갖고 있다. 주변에서 종종 어떤 당은 보수고 어떤 당은 진보라는 말을 접하곤 한다. 그것이 바로 이념적인 정체성이다.

정당들은 이념 정체성에 따라 경제 정책의 방향을 결정하기도 하고 북한에 대한 우리나라의 태도를 설정하기도 한다. 사람들은 주로 정당의 이런 성격을 보고 선거에서 후보자를 선택하곤 한다.

특히 후보자를 잘 모르는 경우라면 지지하는 정당에 따라 후보자를 뽑을 가능성이 크다. 자신이 지지하는 정당이 집권당이 되어 그들이 말한 대로 국가를 이끌어주기를 바라기 때문이다. 그래서 무소속으로 출마하면 선거에 당선되기가 어렵다.

게다가 정당에서 공천을 받은 후보자는 정당의 지원을 받을 수 있기 때문에 이미 유명한 후보자이더라도 공천을 받으려고 한다. 그리고 정당은 당선된 국회의원의 수만큼 국가로부터 보조금을 받는다. 이는 정당이 정치자금을 마련하는 데 있어 특정 이익집단이 부당한 영향력을 행사하는 것을 막고, 다음 선거에서도 정당들이 유능한 후보들을 당선시키라는 의

미에서 주는 지원금이다. 국가까지 정당에 보조금을 주니 당연히 정당의 공천을 받아 출마하는 편이 유리하다.

그만큼 공천은 선거에서 매우 중요한 과정이다. 각 정당은 각자의 규칙대로 선거에 나갈 후보자들을 정한다. 하지만 정당 또한 그 권력은 당원들로부터 나오므로 배출할 후보자를 당원들의 의사에 따라 정할 수 있다. 당원들의 의사에 따라 후보자를 정하는 절차를 '경선'이라고 부른다.

경선에는 여러 가지 방식이 있다. 당에 소속된 당원들만 경선에 참여하는 방식이 있고 일반 국민 일부를 선거인단에 포함시켜 투표를 하는 방식도 있다. 여론조사를 반영하거나 국민 누구나 경선에 참여할 수 있는 '오픈 프라이머리Open Primary'를 채택하기도 한다. 위의 방식들을 혼합한 방식도 얼마든지 가능하다.

하지만 과거 우리나라 정당들은 경선을 통해 후보자를 공천하기보다는 당 지도부의 결정에 따라 후보자를 결정하곤 했다. 이 방식은 일반 당원들의 의사를 무시할 가능성이 크다. 실제로 당내 영향력이 큰 사람이 마음대로 공천 결정권을 행사하며 뇌물을 받았다는 일명 '공천 장사' 비판을 받은 적도 있다.

지금은 많은 정당에서 당원들이나 일반 국민을 포함한 선거인단의 투표를 통해 결정하는 방식, 여론조사를 반영하는 방식 등으로 국회의원이나 대통령 후보자를 결정한다.

국민선거인단이나 여론조사를 경선에 반영하는 가장 큰 이유는 당원들만이 지지하는 후보자보다 유권자들인 일반 시민들도 선호하는 후보자가 실제 선거에서 경쟁력이 높다고 보기 때문이다. 그래서 정당들은 국민이 참여하는 경선 방식을 통해 유권자들이 어떤 후보자를 얼마나 지지하고 있는지 미리 가늠해보기도 한다.

우리나라에서 첫 '국민 참여 경선'은 2002년 16대 대선에서 새천년민주당의 후보자를 뽑을 때 등장했다. 이 경선에서 노무현 전 대통령이 이인제 후보를 꺾고 대통령 후보로 선출되었는데, 경선을 치르기 전 노무현 후보의 당내 지지도는 한 자릿수에 불과했다.

그러나 유권자들은 당내 소수파였던 노무현 후보의 손을 들어주었다. 게다가 경선이 흥행하면서 대통령 후보로 뽑힌 노무현 전 대통령과 새천년민주당 모두 지지율이 높아지는 효과를 보기도 했다. 유권자들이 국민이 처음으로 후보 선출 과정에 참여하는 국민 참여 경선에 많은 관심과 흥미를 느꼈기 때문이다. 국민 참여 경선을 통해 국민적 관심을 집중시키는 데 성공한 셈이다.

국민 참여 경선의 성공 이후 여러 정당이 경선에 국민선거인단을 포함시키거나 여론조사를 반영하기 시작했다. 이같이 일반 국민이 참여하는 경선은 당내 영향력과 관계없이 국민의 큰 호응을 얻은 인물들이 정치권으로 영입될 수 있다는 장점이 있다.

반면 단점도 있다. 대중적인 인지도만 높고 정당의 정체성과 거리가 먼 사람이 후보자로 뽑힐 수 있다는 점이 바로 그것이다. 또한 국민 누구나 선거인단이 되어 직접 투표하거나 유선전화를 통해 참여할 수 있기에 역선택(후보자에 대한 정보 부족으로 능력이 부족한 후보자를 선택하는 것)을 할 수도 있고, 한 후보자를 당선시키기 위해 특정 집단이 일반 국민으로 위장하고 여론을 조작할 수도 있다.

그래서 2016년 국회의원 선거에서는 '안심번호 국민공천제'를 시행하자는 목소리가 새정치민주연합에서 나오기도 했다. 안심번호 국민공천제란 정당들이 실제 전화번호가 아닌 암호화 프로그램으로 생성된 가상의 번호를 받아 선거인단을 모집하고 여론조사 등을 진행하는 방식이다. 가상의 번호를 부여받기 때문에 선거인단의 신분이 노출되지 않아 여론 조사를 조작하고 왜곡할 가능성이 작으며 개인정보 유출도 막을 수 있다는 장점을 지닌다.

결국 2016년 20대 국회의원 선거에서 새누리당과 새정치민주연합의 후신인 더불어민주당이 '안심번호 국민공천제'를 도입했다. 하지만 이 방식에서도 여전히 정당의 정체성과 거리가 먼 사람이 뽑힐 수 있고 개인정보가 드러나지 않으므로 다른 정당의 지지자들이 위장하여 특정 후보를 선택할 수 있다는 한계를 가진다.

이처럼 국회의원 후보자 공천 과정에는 아직 경선 제도가 제대로 자리 잡지 않았지만, 대통령 후보자 공천 과정에는 국민 참여형 경선 제도가 많이 퍼져 있다. 노무현 전 대통령 이후로 17대 그리고 18대 대선에서 각 정당이 경선을 시행했다.

그런데 경선에는 아무나 참여할 수 있을까? 그렇지는 않다. 일단 정당에서 후보자를 뽑는 것이니 해당 정당의 당원이어야 경선에 참여할 수 있다. 그리고 정당에 따라서 여론조사나 정당 기여도 등 다른 요소들을 혼합하여 경선 후보자들을 평가할 수도 있다.

투표하기 좋은 날은 따로 있다?

패스트푸드점들이 딱딱한 의자와 빠른 노래로 테이블 회전율을 높인다 거나 교통사고는 토요일에 가장 많이 발생한다는 이야기를 들어본 적이 있는가?

언뜻 보기에는 억지 같지만, 그 뒤에는 과학이 숨어 있다. 마찬가지로 투 표율과 선거 결과에 영향을 끼치는 요인들도 있지 않을까? 지금부터 하 나씩 살펴보자.

투표하기 좋은 날은 따로 있다? 날씨!

투표하러 나가려는데 비가 쏟아진다면 여러분은 어떻게 할 것인가? 반대 로 놀러 가기 딱 좋은 날씨라면?

실제로 역대 최저 투표율을 기록한 2008년과 2012년의 선거는 비가 내 리는 날 치러졌다. 그런가 하면 1996년과 2004년의 맑은 총선에서는 20~30대 투표율이 비교적 낮게 파악되었다. 젊은 유권자들은 날씨가 좋으면 여가를 즐기러 떠나는 걸까?

흥미롭게도 정당이 우천으로 인해 얼마나 이익과 손해를 보는지 분석한 연구가 있다. 세 번의 총선을 분석한 이 연구에 따르면, 강수량이 10mm 증가할 때마다 보수정당은 득표율이 0.9%p 감소하고 진보정당은 증가하 였다고 한다.[22]

반면 날씨와 투표는 무관하다는 지적도 있다. 중앙선거관리위원회에 따 르면, 20대 국회의원 선거일에 비가 내린 영서 지역이 맑았던 영동 지역

그림 17 날씨와 투표율의 관계 (1)

선거명	선거일	날씨	기온	투표율
20대 국회의원선거	2016년 4월 13일	비	11.4℃~21.4℃	58.0%
6회 전국동시지방선거	2014년 6월 4일	맑음	18.7℃~27.8℃	56.8%
18대 대통령선거	2012년 12월 19일	맑음	−10.4℃~−2.8℃	75.8%

그림 18 날씨와 투표율의 관계 (2)

선거명	선거일	날씨	기온	투표율
18대 대통령선거	2012년 12월 19일	맑음	−10.4℃~−2.8℃	75.8%
17대 대통령선거	2007년 12월 19일	맑음	−3℃~5℃	63.0%
16대 대통령선거	2002년 12월 19일	맑음	−0.4℃~7.7℃	70.8%
15대 대통령선거	1997년 12월 18일	맑음	5.4℃~9.2℃	80.7%

보다 투표율이 높았다.[23]

또한 날씨보다는 선거의 종류나 정치적 상황의 영향이 크다고 볼 수도 있다. 근래의 대통령 선거 중 가장 추운 날 치러진 18대 대통령선거가 2000년대 들어 가장 높은 투표율을 기록했으니 말이다.[24]

선거에는 워낙 다양한 요인이 작용하기에 날씨만의 영향을 파악하기에는 무리가 있다. 물론 투표소까지의 이동이 힘들거나 공휴일을 위한 멋진 계획을 세워놓은 사람들에게 제한적으로 영향을 끼치기는 하겠다.

그러나 날씨 때문에 유권자로서 권리를 포기해서는 안 된다는 점 하나는 확실하다. 투표하기로 마음먹었다면 날씨가 좋든 나쁘든 투표소로 향하던 발길을 돌리지는 말아야 할 것이다.

누가 열심히 투표할까? 성별, 연령 그리고 지역![25 26 27]

유권자의 성별이나 연령에 따른 투표율의 차이는 없을까? 혹은 특별히 투표를 많이 하는 동네가 있을까?

[그림 19]에서 볼 수 있듯 2012년 18대 대선 당시 여성 투표율이 남성 투

그림 19 대통령 선거 성별 투표율

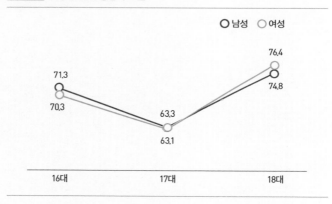

그림 20 20대 총선 연령별 투표율

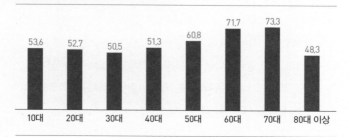

표율보다 1.6%p 높았던 것을 제외하면, 2002년 16대 대선 이후의 투표율은 대부분 남성이 여성보다 다소 높았다.

2016년 20대 총선의 경우 남성은 58.8%, 여성은 57.4%가 투표에 참여했다. [그림 20]처럼 연령대별로는 50대부터 70대, 특히 70대의 투표율이 매우 높았다. 중·노년층의 투표율이 높은 이유에 대해서는 여러 해석이 가능하다. 투표가 '꼭 해야 하는 것'이었던 시절의 습관이 남아 있을

표 4 19~20대 총선 지역별 투표율

지역	20대 투표율(%)	19대 투표율(%)
서울	59.8	55.5
부산	55.4	54.6
대구	54.8	52.3
인천	55.6	51.4
광주	61.6	52.7
대전	58.6	54.2
울산	69.2	55.7
세종	63.5	59.2
경기	57.5	52.6
강원	57.7	55.7
충북	57.3	54.6
충남	55.5	52.4
전북	62.9	53.6
전남	63.7	56.7
경북	56.7	56.0
경남	57.0	57.2
제주	57.2	54.6

수도 있고 나이가 들면서 정치적 입장이 확고해졌을 수도 있다. 미래를 생각한다면, 정당들과 후보자들은 투표에 비교적 소극적인 청년층의 표를 어떻게 얻어낼지 고민을 할 필요가 있을 것이다.

지역별 투표율은 성별 투표율과 마찬가지로 의미 있는 차이를 보여주지는 않았다. 그런데 한 연구에 따르면, 지역 주민이 술을 많이 마시는 지방자치단체의 투표율이 상대적으로 높다고 한다.[28] 아무래도 술자리에서 정치 이야기를 나누다 보면 관심이 좀 더 생기는 것 같다.

술자리에서 정치 이야기는 꺼내는 게 아니라는 금기에서 벗어나 당당한 주인으로서 주변 사람들과 의견을 펼쳐보는 건 어떨까?

우리나라에서 '탄핵'이라는 단어는 유치원 아이들도 다 알만큼 익숙하다. 노무현 전 대통령과 박근혜 전 대통령의 임기 중 탄핵 과정이 진행되었기 때문이다.

먼저 국립국어원 표준국어대사전에서 '탄핵'을 어떻게 정의하고 있는지 알아보자.

> ① 죄상을 들어서 책망함
> ② 보통의 파면 절차에 의한 파면이 곤란하거나 검찰 기관에 의한 소추가 사실상 곤란한 대통령·국무위원·법관 등을 국회에서 소추하여 해임하거나 처벌하는 일. 또는 그런 제도.

이렇듯 탄핵은 대통령뿐 아니라 국무위원, 법관 등을 '쫓아내는' 방법이다. 실제로 헌법 제65조에 따르면, 탄핵의 대상은 대통령, 국무총리, 국무위원, 행정 각 부의 장, 헌법재판소 재판관, 법관, 중앙선거관리위원회 위원, 감사원장, 감사위원, 기타 법률이 정한 공무원이다. 이들이 헌법이나 법률을 위배할 때 국회는 탄핵소추를 의결할 수 있다.

지금부터 탄핵이 어떻게 이루어지는지 살펴보자.

2004년 노무현 전 대통령 탄핵 과정, 2016~2017년 박근혜 전 대통령 탄핵 과정을 따라가 보자.

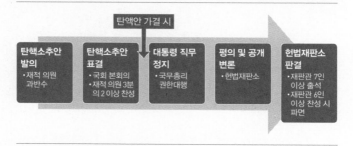

그림 21 대통령 탄핵 과정

① 탄핵소추안 발의

2004년 노무현 전 대통령의 발언과 탄핵소추안 발의

"총선에서 국민이 열린우리당을 지지해줄 것으로 믿는다." 2004년 2월 24일, 17대 국회의원 총선거를 약 두 달 앞둔 시점에 노무현 전 대통령은 이와 같은 발언을 하였다. 이에 대해 중앙선거관리위원회는 공직선거법 제9조 위반이라 결정하였으며, 새천년민주당은 "노 대통령이 선거 중립 의무 위반과 측근 비리 등에 사과하고 재발 방지를 하지 않는다면 탄핵소추안을 발의하겠다"고 밝혔다.

그러나 노 전 대통령은 사과를 거부하였고, 결국 3월 9일에 대통령 탄핵소추안이 발의되었다.

> **공직선거법 제9조(공무원의 중립의무 등)**
>
> ① 공무원 기타 정치적 중립을 지켜야 하는 자는 선거에 대한 부당한 영향력의 행사 기타 선거결과에 영향을 미치는 행위를 하여서는 아니 된다.

당시 탄핵소추 사유는 헌법과 법률을 위반하여 국법 질서를 문란케 한 점, 대통령 자신과 측근들 및 참모들의 권력형 부정부패로 인해 국정을 정상적으로 수행할 수 있는 최소한의 법률적·도덕적 정당성을 상실한 점, 국민 경제와 국정을 파탄시킨 점으로 요약할 수 있다.

2016년 민간인에 의한 국정 농단 의혹 사건과 탄핵소추 발의

2016년 '박근혜 정부의 최순실 등 민간인에 의한 국정 농단 의혹 사건'이 세상에 모습을 드러냈다.

미르재단과 K스포츠재단 관련 보도에 이어 국가 기밀 유출의 증거인 태블릿PC를 입수하였다는 뉴스가 나왔고, 이후 각종 의혹에 대해 각계 인사들이 수사를 받고 기소되는 등 대한민국이 참으로 떠들썩했다.

많은 국민의 분노와 실망 속에서, 마침내 박근혜 전 대통령에 대한 탄핵소추안이 2016년 12월 3일 새벽 4시경 국회에서 발의되었다.

탄핵소추안은 박 전 대통령이 ① 국민주권주의 및 대의민주주의 ② 법치국가 원칙 ③ 대통령의 헌법 수호 및 헌법 준수 의무 ④ 직업공무원 제도 ⑤ 대통령에게 부여된 공무원 임면권 ⑥ 평등 원칙 ⑦ 재산권 보장 ⑧ 직업 선택의 자유 ⑨ 국가의 기본적 인권 보장 의무 ⑩ 개인과 기업의 경제상의 자유와 사적 자치에 기초한 시장경제 질서 ⑪ 언론의 자유 등의 헌법을 위반하였다는 내용을 담고 있었다.

그 외에도 ① 특정 범죄 가중 처벌 등에 관한 법률 위반(뇌물)죄 ② 직권 남용 권리 행사 방해죄 ③ 강요죄 ④ 공무상 비밀 누설죄 등이 탄핵소추 사유로 제시되었다.

② 탄핵소추안 가결

2004년 노무현 전 대통령 탄핵소추안 가결

3월 12일, 국회 본회의에서 탄핵소추안이 가결되었다. 재적 271명 중 찬성표와 반대표를 던진 의원이 각각 193명, 2명이었다.

탄핵은 신중히 결정해야 하는 사안이기에 대통령에 대한 탄핵소추는 국회 재적 의원 과반수의 발의와 국회 재적 의원 3분의 2 이상의 찬성이 있어야 한다. 즉 노무현 전 대통령 탄핵 당시의 가결 정족수는 181명 이상이었는데, 193명의 찬성으로 탄핵소추안이 통과된 것이다.

탄핵소추안이 가결된 즉시 노무현 전 대통령의 직무는 정지되었고, 소추위원은 헌법재판소에 소추의결서를 제출하였다. 당시 소추위원은 김기춘 한나라당 의원이었는데, 그는 "군사독재 시절에도 대통령이 특정 정당 지지 발언을 한 전례가 없다"며 노 전 대통령을 비난했다.

그렇다면 원래 탄핵 절차는 어떻게 시작될까?

탄핵소추안이 국회 본회의에 상정되면 본회의의 결의에 따라 국회의 법제사법위원회가 조사한다. 그러나 노무현 전 대통령 탄핵 때에는 위법행위에 대한 논의가 생략되었다.

핵심 탄핵 사유에 대해 이미 선거관리위원회에서 선거법 위반 결정을 내렸다는 점, 그리고 총선을 한 달여 앞둔 시점에서 국회의 조사 활동 자체가 사실상 불가능했다는 점[29] 등이 그 이유였다.

2016년 박근혜 전 대통령 탄핵소추안 가결

12월 9일, 새누리당의 최경환 의원을 제외한 299명의 국회의원이 본회의 표결에 참여하였다. 234명의 의원이 찬성표를 던져 탄핵소추안이 가결되었다. 박근혜 전 대통령의 직무 역시 노무현 전 대통령과 마찬가지로 정지되었다.

③ 헌법재판소 판결

2004년 헌법재판소의 노무현 전 대통령 탄핵 기각

헌법재판소는 3월 18일부터 5월 13일까지 수차례의 재판관 평의(전체 회의)를 열어 일정을 논의하고, 심리를 하고, 결정문을 작성하였다.[30] 결과는 탄핵 기각이었고, 노 전 대통령의 직무는 재개되었다.

> 여당을 지지하는 발언은 공직선거법상 공무원의 정치적 중립의무를 위반했으며 대한민국 선거법을 폄하한 것과 국민투표를 언급한 것은 각각 헌법을 위반한 것이다. 그러나 노무현은 자유 민주적 기본 질서를 수동적 그리고 소극적으로 위반하는 데 그치고 있어 탄핵을 기각한다.

2017년 헌법재판소의 박근혜 전 대통령 탄핵 인용

> 재판관 전원의 일치된 의견으로 주문을 선고합니다.
> 주문: 피청구인 대통령 박근혜를 파면한다.

반면 3월 10일 박근혜 전 대통령에 대한 파면 선고가 내려졌다. 재판관 8명의 전원 일치 의견이었다. 헌법재판소는 박 전 대통령이 최서원(최순실)에 대한 국정 개입 허용과 권한 남용으로 대의민주제 원리와 법치주의 정신을 훼손하였다고 지적하였다.

해임 건의

공직자를 물러나도록 만드는 방법에는 탄핵 외에도 '해임 건의'라는 간접적 수단이 있다. 해임건의는 다음의 3가지 경우로 나눌 수 있다. 3가지 모두 대통령에게 건의하는 방식이라는 공통점을 가진다.

• 국회의 국무총리 해임 건의
• 국회의 국무위원 해임 건의
• 국무총리의 국무위원 해임 건의

그중 국회가 가지는 해임 건의권은 행정부를 견제한다는 의미를 지닌다. 하지만 건의는 건의일 뿐 법적 구속력은 없다. 해임 건의안이 국회 본회의에서 통과되면 웬만해서는 대통령이 그를 따르겠지만 무시할 수도 있다.

참고로 공무원 임면권을 남용하여 직업공무원 제도의 본질을 침해하였다는 점, 언론의 자유를 침해하였다는 점, 세월호 사건에 관한 생명권 보호 의무와 직책 성실 의무 위반의 점은 탄핵 사유로 인정받지 못하였다. 이렇듯 탄핵 절차의 마지막 무대는 헌법재판소. 헌법재판소에서는 유죄 여부를 판결하여 유죄가 확실할 경우 파면과 처벌을 결정한다. 이 심판은 소추의결서가 헌법재판소에 제출되면서 시작된다. 그리고 재판관 7인 이상의 출석, 6인 이상의 찬성으로 유죄 여부가 결정된다. 탄핵이 된 공직자는 5년 내에 다시 공무원이 될 수 없다.

탄핵은 인사에서 오류가 발견될 경우 그를 바로잡을 기회가 된다. 탄핵 사유, 탄핵 절차, 그 속에서의 국회와 헌법재판소의 역할을 고려할 때 우리는 탄핵을 민주주의 구현의 장치로 볼 수 있다. 정치가 제대로 이루어지지 않는다면 국가의 주인인 국민은 그 원인이 된 개인이나 집단에 책임을 물을 수 있어야 하기 때문이다.

국민의 대표자인 국회 역시 마찬가지다. 대통령 탄핵소추는 국민이 뽑은 대통령을 역시 국민이 뽑은 의회가 내쫓으려고 하는 일이다. 이와는 조금 다르게 헌법재판소의 판결은 표를 받은 사람을 임명받은 사람이 내쫓는 일이다. 따라서 탄핵은 주인의 역할을 또다시 드러내는 동시에 삼권분립을 보여주는 독특한 제도라고 할 수 있다.[31]

3장

정치의 결과

무엇이 도출되는가

●

법

●

선거를 통해 대리인이 되었다고 아무런 제약 없이 자기가 원하는 대로 세상을 바꿀 수 있는 것은 당연히 아니다. 다른 대리인들과의 합의도 필요하고 적절한 절차를 거쳐야만 한다. 지금부터 살펴볼 '법'은 토론과 합의의 결과물이자 사회를 변화시킬 수 있는 수단이다. 흔히 접하는 정책 역시 '법'의 형태로 우리에게 영향을 끼친다. 법은 어떻게 만들어질까?

토론도 못 해본 법안이 수두룩

국회가 법을 만드는 것은 누구나 다 아는 사실이다. 그러나 우리 머릿속에 남아 있는 국회에 대한 인상은 썩 좋은 편은 아니다. 우리가 흔히 TV에서 접하는 국회는 본회의장에서 국회의원들이 서로 고함을 치며 싸우는 곳이기 때문이다. 모였다 하면 싸우는 국회의원들이 도대체 어떻게 법을 만들고 있을까?

사실 국회의 본회의장은 일종의 무대로서 국민에게 보여주기 위한 형식적 행위들이 이루어지는 곳일 뿐이다. 법은 잘 보이지 않는 곳에서 지금 이 순간에도 만들어지고 있다. 만일 수백 명의 의원 모두가 하나의 사안을 놓고 토론과 평가를 진행한다면 국회의 효율성은 매우 떨어질 것이다. 또한 각 국회의원이 모든 법안을 심사하는 데 필요한 전문 지식을 가지기란 사실상 불가능하다. 이러한 이유로 전문 분야에 따라 국회의원 팀을 나누고 '상임위원회'라는 이름을 붙였다. 법안이 발의되면 본회의장으로 가기 전에 내용에 따라 소관 상임위원회의 심사를 거친다.

상임위원회는 약 10~20명의 국회의원으로 구성된다. 정무위원회처럼 큰 규모의 위원회는 다시 소위원회로 분할된다. 예를 들어 20대 국회 정무위원회는 법안심사소위원회, 예산결산심사소위원회, 청원심사소위원회의 3개 소위원회로 나뉘었다. 이는 국정이 효율적이고 전문적으로 처리되는 데 도움을 준다.

상임위원회는 소관 의안과 청원 심사를 주로 맡는다. 예컨대 정무위원회는 국민권익위원회와 관련된 의안을 심사한다. 2012년 김영란 국민권익위원장의 제안으로 만들어진 '부정 청탁 금지 및 공직자의 이해 충돌 방지 법안(청탁금지법, 일명 김영란법)'은 따라서 정무위원회 소관이 된다. 이처럼 국회의원들도 소규모로 팀 프로젝트를 한다.

그렇다면 구체적으로 어떻게 위원회에서 팀 활동이 진행될까? 일단 법안이 위원회에 회부되면 가장 먼저 법안의 제안자가 왜 해당 법안을 제안하는지 설명하는 발표를 한다. 그 후 본격적인 심사가 이루어지는데, 국회는 심사 과정에서 전문적인 의사결정을 위해 갖은 노력을 기울이고 있다.

대표적으로 상임위원장과 위원의 입법 활동을 지원하는 전문 지식인과 공무원, 즉 전문위원을 심사 보조자로 적극 활용할 수 있도록 한다는 점을 들 수 있다. 전문위원들은 국회의원들이 각 사안에 대한 지식을 숙지하고 판단할 수 있도록 많은 양의 정보를 제공한다. 또한 '국회입법조사처'를 두어 입법 및 정책과 관련된 정보와 자료를 제공한다. 이렇듯 국회의원이 의정 활동을 최대한 잘할 수 있도록 많은 제도가 마련되어 있다.

신중하게 검토된 법안은 위원회에서 찬반 토론을 거쳐 표결에 이른다. TV 속 여야 의원들이 서로를 잡아먹을 듯 싸우는 일은 본회의, 혹은 위원회별 국정감사나 인사청문에서 일어나는 일일 뿐 국회의 일반적인 의사 진행과는 거리가 있다. 간혹 의원들의 언성이 높아지는 때도 있지만 법안 토론을 진행할 때는 행정부처와 협의하며 덤덤하게 상호 질의를 하는 경우가 대부분이다.

충분한 토론이 이루어진 다음, 위원회는 각 법안에 대한 표결을 진행한다. 위원회 표결은 법안이 법률로 거듭나기 위한 가장 중요한 관문이다. 위원회 재적 위원 과반수의 출석과 출석 위원 과반수의 찬성으로 가결된 법안은 법제사법위원회의 체계와 자구 심사(법안이 법률의 형식을 잘 갖추었는지 확인하는 절차인데, 의사 출신 국회의원은 의료 분야에서 좋은 정책을 제시할 수 있지만 법률 체계에 대해서는 잘 모를 수 있다)를 거쳐 본회의에 상정된다.

한편 위원회에서 본회의에 부칠 필요가 없다고 결정한 의안도 의원 30인 이상의 요구가 있다면 본회의에 부칠 수 있도록 하고 있다. 이것은 특정 위원회의 독단적인 의사결정을 견제할 수 있는 조항이다.

모든 팀 활동에 리더가 있듯 상임위원회에도 리더가 있다. 바로 상임위원장이다. 상임위원회 단위로 이루어지는 법안 심사와 논의 과정에서 상임위원장은 의사 진행상 중대한 역할을 맡는다. 비슷한 내용을 담고 있는 여러 법안을 하나로 합치거나 그 내용을 임의로 수정할 수 있는 권한도 상당히 부여되어 있다. 한때 나라를 떠들썩하게 만들었던 '김영란법' 역시 위원회에서 수정된 안이 본회의를 통과한 사례다.

또한 법안 가결률이 가장 높은 의원은 각 당의 원내지도부가 아니라 각 위원회의 위원장일 정도로 상임위원장의 영향력은 위원회 안에서 큰 편이다. 법안 가결률은 법안을 통과시킬 수 있는 능력을 계량하는 지표인데, 19대 국회의 경우 상임위원장이 낸 법률안의 가결률은 평균 8.6%로 전체 법안 평균 가결률보다 1.4배 높다.

따라서 이토록 중요한 상임위원장 자리를 각 정당이 얼마나 확보하는지 역시 중요한 화두로 떠오른다.

그뿐 아니라 상임위원장은 의정활동비 혹은 특수활동비 명목으로 매월 평균 1,000만 원 내외의 수당을 추가로 받는다. 이는 일종의 급여 개념으로서 현금으로 지급되는 것이 보편적이다. '고도의 정치활동'과 '의원 외교' 등 특수 의정활동에 지원되는 경비라는 이유로 사용 내역을 공개할 의무조차 없다. 이러한 유·무형의 이점으로 인해 최고의 전문성을 갖춘 사람이 맡아야 하는 상임위원장 자리가 이권 다툼의 대상으로 변질되는 현상도 나타나고 있다.

지금까지 알아보았듯 우리나라 국회에서는 뉴스에 나오는 본회의장보다는 잘 보이지 않는 곳인 위원회의 업무가 더 많다.

본회의장에서까지 논의가 필요한 법안은 많지 않으며, 국회 내의 전문성을 최대한 높이기 위해서라도 소규모인 위원회 단위의 논의가 절실하기 때문이다.

국회의장의 힘

국회의장은 국회를 대표하고 의사를 정리하며 질서를 유지하고 사무를 감독한다. 다양한 주제와 그에 대한 서로 다른 입장이 가득한 국회에서는 의견 조율이 중요하다. 그 일을 담당하는 사람이 바로 국회의장인 셈이다. 의장이라는 이름처럼, 국회의장은 다른 국회의원들에게는 없는 여러 권한을 가지고 있다.

그런데 이 국회의장의 권한에 대한 논란이 최근까지 화두였고, 앞으로도 논란의 대상이 될 여지가 있다. 도대체 국회의장은 어떤 사람이며 어떤 점이 문제가 되었을까?

국회의장은 국가 의전 서열 2위로서, 국회에서 무기명 투표로 선거하되 재적 의원 과반수의 득표로 당선된다. 의장은 정치적 중립을 지키기 위해 재임하는 동안에는 당적을 보유할 수 없다.

국회의장이 어떤 정당 출신이어야 하는지는 법으로 정해져 있지 않지만, 가장 많은 의석수를 차지한 당에서 배출하는 것이 관행이다. 20대 국회 전반기의 정세균 국회의장은 여소야대 형국에서의 야당 출신 국회의장이다.

국회의장의 여러 권한 중 가장 많은 논쟁을 일으킨 부분은 단언컨대 '직권 상정'일 것이다. 잠시 국회법을 살펴보자.

국회법 제85조(심사기간)
① 의장은 다음 각호의 어느 하나에 해당하는 경우에는 위원회에 회부

하는 안건 또는 회부된 안건에 대하여 심사 기간을 지정할 수 있다. 이 경우 제1호 또는 제2호에 해당하는 때에는 의장이 각 교섭단체 대표의 원과 협의하여 해당 호와 관련된 안건에 대하여만 심사 기간을 지정할 수 있다. 〈개정 2012. 5. 25.〉

1. 천재지변의 경우
2. 전시·사변 또는 이에 준하는 국가비상사태의 경우
3. 의장이 각 교섭단체 대표의원과 합의하는 경우

② 제1항의 경우 위원회가 이유 없이 그 기간 내에 심사를 마치지 아니한 때에는 의장은 중간보고를 들은 후 다른 위원회에 회부하거나 바로 본회의에 부의할 수 있다.

주목할 부분은 바로 제2항이다. 본래 법률안은 상임위원회, 법제사법위원회, 본회의를 거쳐야 한다. 하지만 국회의장은 중간 과정을 생략하고 본회의에서 바로 표결하게끔 만들 수 있으며, 이를 직권 상정이라 부른다. 물론 언제든 직권 상정이 유효하지는 않다. 천재지변이나 국가비상사태 혹은 교섭단체 대표의원과의 합의라는 조건이 충족되어야 한다.

이게 왜 문제일까? 본회의 표결에서는 재적 의원이 절반 이상 출석하고, 출석 의원의 절반 이상이 찬성할 때 가결이 된다. 그런데 과반을 특정 정당이 차지하는 경우 그리고 해당 정당에서 국회의장을 배출한 경우 모든 법안을 논의 없이 즉각적으로 처리할 수 있는 상황이 펼쳐진다. 온 국민의 이목을 집중시킨 19대 국회 말의 필리버스터 역시 당시 정의화 국회의장의 테러방지법 직권 상정에 반발하여 진행되었다.

과거에도 직권 상정은 다수당의 날치기 통과에 이용된 바 있다. 미디어법 처리가 큰 이슈였던 2008년, 여당이었던 한나라당은 국회의장에게 질서 유지권 발동과 관련 법안 직권 상정을 요청[32]하였고, 김형오 국회의장은 결국 2009년 7월 22일, 직권 상정 시한으로 제시한 오후 2시가 지나자 질서 유지권을 발동했다.[33]

여기서 국회의장의 또 다른 권한인 질서 유지권이 등장한다! 국회의장은 질서를 유지하기 위하여 국회 안에서 경호권을 행한다. 의원이 회의장의 질서를 문란하게 한 때에는 이를 경고 또는 제지할 수 있으며, 여기에 응하지 않은 의원에 대해서는 발언을 금지시키거나 퇴장시킬 수 있다.

위의 사례에서는 회의장을 막고 있던 민주당 의원들을 해산시키기 위해 질서 유지권이 이용되었다.

국회의장은 국회로 하여금 민주주의의 한 부분으로서 제대로 작동하도록 이끄는 임무를 지니고 있다. 그래서 다양한 권한이 주어지는데, 그중 일부가 오히려 민주주의를 훼손한다는 비난을 받고 있으니 참 곤란한 상황이 아닐 수 없다.

국회 내의 민주주의를 위해 국회의장의 권한이 축소되어야 한다고 생각하는가? 권한이 확대되면 어떨까? 혹은 권한 자체는 적절한 정도로 부여되어 있으나, 직권 상정 및 질서 유지권을 행할 수 있는 조건을 지키는지는 개인에게 달린 게 문제는 아닐까?

교섭단체가 모든 작은 정당의 꿈인 이유

대부분의 국회의원은 정당에 소속되어 있다. 이들은 정당 구성원인 동시에 의회의 일꾼이다.

교섭단체는 이러한 사실과 깊은 관련이 있다. 20인 이상의 국회의원을 가진 정당은 하나의 교섭단체가 되며, 여기에 속하지 않은 20인 이상의 의원들은 별도로 교섭단체를 구성할 수 있다. 교섭단체는 국회에 대한 정당의 입장을 전달하며, 국회 내에서 의사를 형성하고 각종 협의를 만들어낸다. 즉 교섭단체는 국회 속의 정치 집단으로서 국회운영을 원활하게 한다.

그런데 왜 교섭단체 구성이 중요할까? 바로 교섭단체로 등록할 때 주어지는 여러 특혜 때문이다. 먼저 교섭단체는 정당 국고보조금 지급에서 우선시된다. 정당 국고보조금은 정당의 주요한 정치자금[34]으로, 교섭단체를 구성한 정당은 무려 총액의 50%를 받는다. 이렇듯 보조금과 의석수는 비례하지 않는다.

2016년도 1분기에 국민의당은 교섭단체를 구성하지 못해 소속 의원 17명을 기준으로 6억 1,700만 원을 수령하였다. 교섭단체 요건 20명을 채웠더라면 18억여 원을 받을 수 있었겠지만, 3명이 모자라 11억 원 이상을 적게 받은 것이다.[35]

교섭단체 구성의 중요성이 와닿는 대목이다. 실제로 19대 국회에는 의석수와 득표수 비율로 보조금을 배분하자는 입법 청원이 제출된 바 있다.[36] 주머니 사정이 좋지 않은 군소 정당에는 보조금이 꿍

그림 22 2016년 1분기 경상보조금 지급 내역

(단위: 원)

새누리당
4,693,658,600
(47.00%)

더불어민주당
4,145,030,350
(41.50%)

국민의당
617,907,560
(6.20%)

정의당
534,359,490
(5.30%)

합계
9,990,956,000

출처: 선거관리위원회

장히 중요하지만 배분 방식으로 인해 거대 정당과 군소 정당의 빈부
격차는 심화되고 만다.

다음으로 교섭단체는 정책연구위원을 둘 수 있다. 정책연구위원
은 교섭단체에 소속된 의원의 입법 활동을 보좌하는 사람이다. 이렇
게 교섭단체는 실질적인 입법 과정에서도 비교섭단체보다 경쟁력을
갖추게 된다.

또한 교섭단체는 국회 속 각종 의정 활동의 주체다. 국회법을 통
해 확인해보자.

의장은 … 각 교섭단체 대표의원과의 협의를 거쳐 … 국회 운영 기본 일
정을 정하여야 한다.

사무총장은 의장이 각 교섭단체 대표의원과의 협의를 거쳐 본회의의 승
인을 얻어 임면한다.

각 교섭단체의 대표의원은 국회운영위원회의 위원이 된다.

특별위원회의 설치·구성은 의장이 각 교섭단체 대표의원과 협의하여 제의 …

의장은 각 교섭단체 대표의원과 협의하여 그 개의시를 변경할 수 있다.

별거 아닌 것 같다고? 그럼 이건 어떤가?

교섭단체에 속하지 아니하는 의원의 발언 시간 및 발언자 수는 의장이 각 교섭단체 대표의원과 협의하여 정한다.

의제별 질문 의원 수를 교섭단체별로 그 소속 의원 수의 비율에 따라 배정한다. 이 경우 교섭단체에 속하지 아니하는 의원의 질문자 수는 의장이 각 교섭단체 대표의원과 협의하여 정한다.

교섭단체는 의석 배정부터 의사일정, 의원 징계, 긴급 현안 질문, 본회의 발언에 이르기까지 협의의 주인공이다. 다르게 표현하자면 교섭단체를 구성할 수 있는 큰 정당들은 작은 정당들에 비해 더욱 성장할 기회를 많이 얻는다.

이처럼 교섭단체를 구성할 수 있는 의원들과 그렇지 않은 의원들이 국회 내에서 할 수 있는 일과 받을 수 있는 혜택의 차이는 매우 크다. 그리고 의원들이 결국 누군가의 대리인이라는 점을 고려한다면, 교섭단체를 구성하기 쉬운 큰 정당을 지지하는 주인들의 의견이 그렇지 않은 주인들의 의견보다 국회에서 더욱 힘을 얻게 된다. 상황이 이러하니 교섭단체 구성이 중요할 수밖에 없다.

무엇이든 가능해지는 숫자, 180

국회에는 중요한 숫자들이 있다. ¼, ⅓, ½, 20, 150, 180, 200…. 우리가 뉴스에서 쉽게 접할 수 있는 이 숫자들에는 어떤 의미가 숨어 있을까?

> **헌법 제49조**
>
> 국회는 헌법 또는 법률에 특별한 규정이 없는 한 재적 의원 과반수의 출석과 출석의원 과반수의 찬성으로 의결한다.

국회에서의 기본적인 의결정족수는 헌법에 명시되어 있다. 국회의원 재적수는 상황에 따라 달라질 수 있지만 300석을 기준으로 생각했을 때, 한 정당이 어떤 법안을 자력으로 통과시키려면 151석을 확보해야 한다. 19대 총선에서 152석의 의석을 차지한 새누리당을 예로 들 수 있다.

그런데 20대 총선의 경우, 여당인 새누리당이 122석을 확보하는 데에 그쳐 야당 의석수의 합이 과반이 되었다.

그러니 새누리당은 아무리 힘을 끌어모아도 혼자서는 그 어떤 법안도 통과시킬 수 없었다. 따라서 주요 정당들은 총선에서 151석의 과반의석을 차지하는 것을 1차적 목표로 삼는다.

국회의 특별의결 정족수

① 재적 의원 ⅔ 이상 찬성: 국회의원 제명, 헌법 개정안 의결, 대통령 탄핵소추 의결.

② 재적 의원 ⅗ 이상 찬성: 신속처리 대상 안건으로 지정.

③ 재적 의원 반수 이상 찬성: 헌법개정 제안, 계엄해제 요구, 대통령 탄핵소추 발의.

④ 재적 의원 과반수 출석에 출석의원 ⅔ 이상 찬성: 법률안 거부로 인한 재의결.

⑤ 재적 의원 ⅓ 발의에 재적 의원 반수 이상 찬성: 국무총리, 국무위원 해임건의, 대통령 이외의 탄핵소추 의결.

⑥ 재적 의원 ¼ 이상 찬성: 임시회 집회 요구, 전원위원회 소집.

⑦ 출석 의원 반수 이상 찬성: 비공개회의 개최 결정.

그런데 국회에는 단순히 재적 의원 과반수 출석과 출석 의원 과반수 찬성으로 의결할 수 없는 경우가 상당히 많이 있다. 가장 최근에 나온 새로운 숫자는 5분의 3이다. 2012년 국회선진화법이 만들어지면서, 여야가 첨예하게 대립하는 쟁점 법안의 경우 재적 의원 5분의 3 이상(180석 이상)이 동의해야 본회의에 상정할 수 있게 된 것이다.

재적 의원 5분의 3이라는 기준은, 기존 정족수인 재적 의원 2분의 1보다 더 많은 찬성을 요구함으로써 의회 내 협의를 보호하려는 목적하에 탄생한 숫자라 할 수 있다.

한편 5분의 3보다 더 높은 정족수가 필요할 때도 있다. 국회의원 제명, 헌법 개정안 의결, 대통령 탄핵소추 의결이 이에 해당한다. 이러한 사항들은 국민이 뽑은 대표자에 대한 불신임, 국가 정치 체제에 대한 논의 등 정치에서 가장 중요한 문제를 다룬다는 공통점이 있다. 달리 말하면 한 정당의 의석수가 200석을 넘기면 국가의 가장 기본적인 틀마저 마음대로 바꿀 수 있다는 이야기가 된다. 이렇듯 150석과 151석, 199석과 200석은 단 1석 차이지만 그 권한은 하늘과 땅 차이다.

국회에서 자주 등장하는 숫자들은 정당이 가질 수 있는 권한과 밀접히 연관되어 있다는 점, 특정 사안이 얼마나 중요한지 알려주는 지표라는 점에서 바라보면 매우 흥미롭다.

법이 살아 움직이려면 1: 시행령

지금까지 살펴본 것처럼 법은 매우 복잡하고 어려운 과정과 많은 국회의원의 합의를 거쳐 만들어진다. 그런데 이렇게 만들어놓기만 하면 법이 알아서 살아 움직일까? 사실 법 자체만으로는 너무 추상적이라 현실에 적용되기가 어렵다.

우리가 일상생활에서 쉽게 접할 수 있는 근로기준법을 보자.

제17조 ① 사용자는 근로계약을 체결할 때에 근로자에게 다음 각호의 사항을 명시하여야 한다. 근로계약 체결 후 다음 각호의 사항을 변경하

는 경우에도 또한 같다.

1. 임금

2. 소정근로시간

3. 제55조에 따른 휴일

4. 제60조에 따른 연차 유급휴가

5. 그 밖에 대통령령으로 정하는 근로조건

+② 사용자는 제1항 제1호와 관련한 임금의 구성항목·계산방법·지급 방법 및 제2호부터 제4호까지의 사항이 명시된 서면을 근로자에게 교부 하여야 한다. 다만 본문에 따른 사항이 단체협약 또는 취업규칙의 변경 등 대통령령으로 정하는 사유로 인하여 변경되는 경우에는 근로자의 요 구가 있으면 그 근로자에게 교부하여야 한다.

생각보다 법률에서 직접 언급하는 내용이 많지 않음을 금방 알 수 있다. 사실 법률은 추상적인 방향을 제시할 뿐, 구체적이고 섬세 한 부분은 대통령령이 정하도록 되어 있다. 법률 자체에 모든 사항을 명시하기가 쉽지 않은 것은 물론이고, 앞서 보았듯 한 번 만들어진 법이 개정되려면 복잡한 과정을 다시 거쳐야 하기 때문이다.

풀어 말하자면, 모든 국회의원이 바꿀 필요가 있다고 동의하는 법일지라도 기본적으로 수개월이 걸린다. 사소한 의견 차이라도 생긴 다면 몇 배는 더 길어질 수 있다. 그동안 법과 현실 사이에는 격차가 벌어질 수 있다.

대한민국 헌법 제75조

대통령은 법률에서 구체적으로 범위를 정하여 위임받은 사항과 법률을 집행하기 위하여 필요한 사항에 관하여 대통령령을 발할 수 있다.

이를 보완하기 위해 우리나라 헌법은 대통령이 행정에 관한 법에 대해 대통령령(주로 시행령이라고 부른다)을 제정할 수 있다고 명시해 놓았다. 시행령은 구체적인 사항을 정하는 데 쓰이는데, 그 이유는 시행령은 국회의 동의 없이도 만들 수 있기 때문이다. 따라서 대통령령을 통해 입법 과정의 비효율성을 극복하고 변화에 민첩히 대응할 수 있다.

한편 대통령령으로도 법률 시행의 모든 세부 사항을 책임질 수 없는 경우에는 '시행규칙'을 만들어 사용하기도 한다.

근로기준법 시행령

제3조(일용근로자의 평균임금) 일용근로자의 평균임금은 고용노동부장관이나 사업이나 직업에 따라 정하는 금액으로 한다.

제4조(특별한 경우의 평균임금) 법 제2조 제1항 6호, 이 영 제2조 및 제3조에 따라 평균임금을 산정할 수 없는 경우에는 고용노동부장관이 정하는 바에 따른다.

제15조(이행강제금의 부과유예) ③ 제1항에 따른 이행강제금의 구체적 반환절차는 고용노동부령으로 정한다.

표 5 현행 법령 건수

구분		건수
헌법		1
법령	법률	1,413
	대통령령	1,656
	총리령	83
	부령	1,202
	기타(국회규칙 등)	333
계		4,688

이처럼 국가의 일을 진행하는 가장 구체적인 방식은 각 부와 각 부의 장관이 알아서 정하도록 되어 있다. 대통령령이 법에 비해 훨씬 간단한 절차에 의해 만들어지기는 하지만, 1,600건이 넘는 시행령의 세세한 부분까지 모두 신경 쓰기란 쉽지 않기 때문이다. 세부적인 부분은 국토교통부, 국방부 등 각 부에서 알아서 정하는 것이 빠르고 효율적이다.

법이 살아 움직이려면 2: 행정부

그런데 [표 5]에서 볼 수 있듯 법보다 많은 시행령과 시행 규칙이 만들어지면서 행정부와 대통령의 실질적 권한이 엄청나게 커졌다. 물론 시행령은 그보다 높은 체계의 법인 법률의 내용을 침해하는 조항을 담아서는 안 된다. 시행령에 모법을 위반하는 내용이 담길 경우 국민은 법원에 행정소송을 제기하여 시행령을 무효화할 수 있다.

하지만 이와 같은 절차가 과연 얼마나 효과적일지에 대해서는 논란이 있다. 헌법 제107조에는 "명령·규칙 또는 헌법이 법률에 위반되는 여부가 재판의 전제가 된 경우에는 대법원이 이를 최종적으로 심사할 권한을 가진다"고 명시되어 있다. 즉 시행령 때문에 직접 피해를 입은 사람이 소송을 제기한 경우에만 법원이 심사할 수 있을 뿐 시행령 조문 자체를 수정할 것을 요구할 수는 없다.

게다가 위헌법률심판과 달리 시행령은 해당 시행령이 위법이라는 판결이 내려지더라도 해당 소송에서만 조항이 적용되지 않을 뿐 여전히 효력을 유지한다. 이러한 재판 절차를 통해 부적합한 시행령을 가려내는 일은 굉장히 어려운 전문 지식, 시간, 돈을 필요로 한다. 결국 행정부가 상위 법률을 위반한 시행령을 스스로 고치는 것 외에는 딱히 시행령을 수정할 방법이 없다.

꼬리가 몸통을 흔든다는 비판을 받던 세월호 특별법과 시행령의 사례를 살펴보자. 세월호 특별법 자체는 진상규명위원회, 안전사회소위원회, 지원소위원회(세월호 특별조사위원회의 소위원회)의 요직에 민간인을 별정직으로 채용하여 정부의 영향력이 특조위에 미치지 못하도록 하려고 했다. 그러나 정부의 시행령은 오히려 공무원들이 위원회들의 주도적인 역할을 맡도록 발표되었다. 이 때문에 시행령이 특별법과 특조위가 잘 운영될 수 있도록 돕기는커녕 오히려 그것을 방해한다는 논란이 일었다.

정부의 이러한 시행령에 대해 정치권과 많은 국민이 시행령을 당장 철회하라며 정치적으로 압박했지만 정부·여당은 일부만을 수정한 채 시행령 시행을 강행했다. 법률의 취지에 어긋나는 시행령이 제정되더라도 그를 고치는 일이 쉽지 않다는 점을 알 수 있다.

따라서 행정부의 고유 권한이라 할 수 있는 시행령에까지도 국회가 직접 개입할 여지를 만들어놓아야 한다는 주장이 일각에서 제기되었다. 실제로 국회가 시행령에 직접 개입할 수 있도록 하자는 의견을 낸 여당 원내대표와 청와대가 힘겨루기를 한 바 있다. 세월호 특별법의 시행령이 특별법의 취지를 달성하는 데 오히려 방해가 된다는 비난이 갈등의 시발점이었다.

이와 같은 주장에 대해 청와대는 강력하게 반발했다. 헌법에도 나와 있는(제75조, 제95조) 행정부의 행정입법 권한을 본질적으로 위협한다면서 말이다.

행정입법의 구체적인 내용까지도 국회 상임위원회가 좌지우지할 수 있게 된다면, 권력 분립의 원칙이 지켜지기 어려울 만큼 국회의 힘이 커진다는 뜻이다.

이에 더해 만약 상임위원회의 요청에 따라 시도 때도 없이 시행령을 바꿔야 한다면 정부 정책의 효율성과 일관성이 심각하게 훼손될 것이라는 우려도 있었다. 국회가 만든 법률이 잘 집행되도록 하기 위해 그 세부 사항까지 국회의 통제 아래에 놓는 편이 좋을지, 혹은 행정부에 전적으로 맡기는 편이 좋을지는 정말 어려운 문제다.

그런데 행정부의 강력한 권한을 보여주는 것이 시행령 말고도 또 있다. 바로 대통령의 거부권이다. 어쩌면 시행령 제정 권한은 대통령의 거부권에 비하면 약한 권한일 수도 있다. 대통령의 거부권은 입법부인 국회가 채택한 법률의 성립을 방해하는 권한이기 때문이다. 특정 법률에 동의하지 않을 경우 합리적인 이유를 달아서 국회에 법을 다시 심사해줄 것을 요구한다. 이때 국회는 전체 국회의원 3분의 2의 동의를 얻어야만 법률을 탄생시킬 수 있다.

전체 의원 3분의 2라는 정족수가 개헌 정족수와 맞먹는다는 사실에 비추어볼 때 대통령이 거부권을 행사한 법안을 다시 의결하는 것은 사실상 불가능에 가깝다. 대리인 간의 상호 견제로 해석할 수도 있겠지만 어쩌면 주인의 뜻을 대리인 한 명이 좌절시킨다고 볼 수도 있다.

우리나라 국민은 법을 만드는 국회의원과 법을 집행하는 대통령을 모두 선출한다. 따라서 국회와 행정부 모두 민주적 정당성을 가지고 국가의 일을 수행하고, 그 과정에서 의견이 충돌하기도 한다. 그리고 이 의견 충돌은 나쁜 법을 만들지 않고 좋은 법을 찾아내기 위한 노력이다.

그리고 법률은 제정되기도 쉽지 않지만, 실제로 살아 움직이기 위해서는 대통령이 거부권을 행사하지 않아야 하고 시행령 제정과 같이 복잡한 과정을 또 거쳐야만 한다.

최소한의 도덕, 사회의 기틀, 구성원 간의 합의, 공동체가 나아가야 할 방향을 알려주는 나침반 등 법을 가리키는 수식어는 한둘이 아니다. 그만큼 법이 복잡하고도 중요하다는 뜻일 것이다.

채택률 0%, 유명무실 국민입법청원

대의민주주의에서 국민의 결정은 간접적인 단계에 머문다. 자신들을 대신하여 직접적인 결정을 내릴 대표자들을 뽑을 뿐이다. 그러나 대의제 역시 주인인 국민의 뜻을 반영해야 한다. 그래서 대표자들이 '대의'의 기능을 잃지 않도록 만드는 장치들이 필요하다. 그중 대표적인 것으로 청원 제도를 꼽을 수 있다.

'청원'은 국회를 대상으로만 이루어지지는 않는다. 국가기관, 지방자치단체 등에도 청원을 제출할 수 있다. 그러나 여기에서는 청원 제도의 본질이 대의 기능의 보완에 있다는 점을 염두에 두고 오직 국회에 대한 청원

그림 23 역대 국회 청원 접수 및 처리 현황[37]

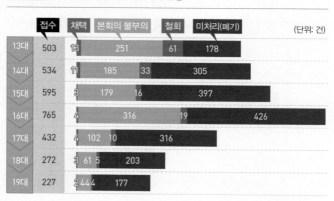

출처: 국회의안정보시스템

표 6 19대 국회 청원안 처리내용[38]

위원회	접수	처리내용				
		채택	본회의 불부의	철회	폐기	계
국회운영위원회	6				6	6
법제사법위원회	32				32	32
정무위원회	17		3		14	17
기획재정위원회	9		2	1	6	9
미래창조과학 방송통신위원회	10				10	10
교육문화체육 관광위원회	23		6	1	16	23
외교통일위원회	4		1		3	4
국방위원회	13	1	9		3	13
안전행정위원회	43		9		34	43
농림축산식품 해양수산위원회	12		1		11	12
지식경제위원회	1		1			1
산업통상자원위원회	12		1	1	10	12
보건복지위원회	16		2		14	16
환경노동위원회	6		1		5	6
국토교통위원회	19	1	8	1	9	19
정보위원회	3				3	3
여성가족위원회	1				1	1
계	227	2	44	4	177	227

만을 다루겠다.

청원을 통한 국민의 입법 참여는 법의 실질적 영향을 받는 우리가 현실적인 제안·수정·평가를 제공한다는 점에서 가치가 있다. 그 과정에서 다양한 분야에 대해 전문 지식을 가지고 있는 국민이 능력을 발휘할 수 있다. 하지만 청원 제도는 그러한 장점을 온전히 드러내지 못하고 있는 것 같다. 그 이유가 무엇인지 19대 국회 청원 처리를 통해 자세히 알아보자.

16대 국회 이후 청원안 접수는 지속해서 줄어들었다. 19대 국회에 제출된 청원안은 227건이었다. 이들을 처리 결과에 따라 나누면, 원안 가결 2건, 대안 반영 폐기 7건, 철회 4건, 본회의 불부의 34건, 본회의에 부의하지 아니하기로 의결 3건, 임기 만료 폐기 177건이다. 즉 227건의 청원 중 9건만이 법에 반영되도록 처리되었으며, 무려 77.97%의 청원은 제대로 된 심의를 거치지도 못하고 폐기되었다.

여기서 우리는 무엇을 알 수 있을까? 그렇다. 청원안은 효력을 띠게 될 가능성이 무척 낮다. 이는 이전부터 이어진 경향이자 19대 국회에서 도드라진 특징이다.

원안 가결 사례 2건부터 살펴보자면 주목할 점은 2가지다.

첫째, 두 청원안은 '접수 → 위원회 심사 → 본회의 심의 → 정부 이송'의 절차를 모두 거쳤으나, 정부에서 이를 반영하는 것은 또 다른 차원의 문제다. 둘째, 원안 가결된 청원은 충분히 타당했음에도 불구하고 처리까지 오랜 시간이 걸렸다. 국회는 합의와 심의를 그 특징으로 삼는 기구이기 때문에 처리 속도가 느리다고 무작정 비난할 수는 없는 노릇이다.

그러나 청원을 전담하는 사람이 없고 정당한 이유 없이 지나치게 처리 과정이 지연된다는 사실은 짚어야 한다.

다음으로는 어쩌면 가장 문제가 있는 유형인 임기 만료 폐기에 초점을 맞춰보겠다. 임기 만료 폐기 청원 중에는 2012년 7월 18일에 접수된 '가축전염병 예방법 개정에 관한 청원'과 같이, 19대 국회 개원 초기에 제출된 것도 '재외국민 보호법의 신속한 입법에 관한 청원'과 같이 소관 위원

그림 24　원안 가결 청원

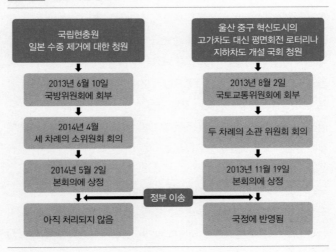

국립현충원 일본 수종 제거에 대한 청원	울산 중구 혁신도시의 고가차도 대신 평면회전 로터리나 지하차도 개설 국회 청원
2013년 6월 10일 국방위원회에 회부	2013년 8월 2일 국토교통위원회에 회부
2014년 4월 세 차례의 소위원회 회의	두 차례의 소관 위원회 회의
2014년 5월 2일 본회의에 상정	2013년 11월 19일 본회의에 상정
아직 처리되지 않음	국정에 반영됨

정부 이송

회 회부 후 아무 절차를 거치지 못한 것도 있다. 그리고 19대 국회에서 77.97%에 달하는 청원이 임기 만료로 폐기되었다. 이는 청원 제도의 실상을 여과 없이 드러낸다. 다른 처리 유형은 청원 제도의 취지를 보전하는 반면, 임기 만료 폐기는 일종의 유기이기 때문이다. 대다수 청원이 임기 만료 폐기되는 상황에는 분명히 문제가 있다.

청원 제도는 주인인 우리의 의사를 반영하기 위한 장치다. 그런데도 국회와 국민 간 의사소통이 원활하지 않다는 점 역시 주목할 만하다. 19대 국회 제323회 국회(임시회) 국토교통위원회 제1차 청원심사소위원회에서 청원인 정연철은 "오늘 이러한 청원소위가 열리고 있다는 사실 자체를 전혀 모르고 있었습니다. 왜 이 상황을 진행시키면서 청원서를 제출한 저희에게는 한마디 연락도 안 주셨는지 아쉽습니다"라고 발언하였다. 국회와 청원인이 단절된 상황에서 효율적인 업무를 기대하기는 힘들다. 또 민원과 달리 청원은 온라인 제출 수단을 갖추고 있지도 않다.

국민의 참정권이나 언론의 자유가 보장되지 않던 시절에는 청원권이 국민의 의사를 국정에 반영하던 중요한 수단이었다. 민주주의가 자리를 잡은 후에 청원의 역할이 줄어든 것은 사실이다.[39]

하지만 앞서 살펴본 청원의 장점은 포기하기엔 너무 아깝지 않은가? 아래는 청원 제도를 개선하기 위한 방법들이다.

국회가 청원 처리의 의무를 지키도록 장치 마련하기

국회법 및 국회 청원 심사 규칙에 의하면, 국회는 상임위원회 내에 청원심사소위원회를 두고 국민의 청원을 처리할 의무가 있지만, 임기 내내 청원심사소위를 한 번도 열지 않는 상임위도 수두룩하다.[40]

위원회는 청원의 회부일로부터 특별한 사유가 없는 한 90일 이내에 심사결과를 의장에게 보고해야 하며, 이 기간 내에 심사를 마치지 못했을 때는 의장에게 중간보고를 하고 심사 기간의 연장을 요구할 수 있다.

각 위원회가 이러한 방침들을 위반하였을 경우 적절한 조치가 취해져야만 한다. 특히 국회의원 본연의 업무인 청원 제도는 외면한 채 선거에 도움이 되는 지역 민원 처리에만 열을 올린다는 비판이 제기[41]되지 않도록 유의해야 할 것이다.

전 과정에서 소통에 주의 기울이기

청원 과정은 청원서의 제출부터 청원인의 이의 신청, 청원인의 진술, 청원인에의 통지에 이르기까지 여러 단계를 포함한다. 이때 청원 주체와의 접촉은 물론이고. 청원이 가결 혹은 폐기되어 정부에 그 사실이 전달된 후까지의 상호작용 역시 관심의 대상이 되어야 한다.

청원 제도의 접근성 높이기
다른 각종 제도와 마찬가지로 온라인 접수 시스템을 구축하면 도움이 되지 않을까?
현재 국회에 청원하기 위해서는 의원이 소개를 해야 한다. 온라인 시스템은 바로 이 '의원 소개'의 벽을 허물 수 있다. 청원을 접한 의원과 정당이 반응할 수도, 다른 국민이 동조할 수도 있기 때문이다.

청와대 국민청원 및 제안

"미세먼지 해결을 촉구합니다."
"'주취 감형' 폐지를 건의합니다."
"권역외상센터 추가적 지원 청원."

우리나라 정부 정책이 마음에 들지 않을 때, 혹은 우리나라에 새로운 법이 필요하다고 생각할 때 우리가 '직접' 할 수 있는 일에는 무엇이 있을까?
'국민청원'은 국민이 대리인에게 직접 국가의 방향에 대한 의견을 전하는 한 방법이다. 우리나라에서는 2017년 8월 19일부터 '청와대 국민청원 제도'를 시행하고 있다.

그림 25 청와대 국민청원 홈페이지

위의 3가지 제안은 바로 청와대 국민청원 홈페이지www1. president.go.kr/petitions에 올라온 의견이다. 국민이 국민청원을 통해 자신의 의견을 국가에 전달하면, 그중 많은 공감을 받은 것에 정부가 직접 답변하여 화제가 되었다.

사실 '청와대 국민청원 제도'가 시행되기 전부터 국민이 국가에 의견을 전할 수 있도록 하려는 시도가 존재했다. 대표적으로 앞서 살펴본 '청원 제도'가 있다. 이후에는 국민권익위원회가 온라인 '국민신문고'를 운영하면서 국민이 더 수월하게 적극적으로 정치에 참여할 수 있게 되었다. 지금도 '국민신문고' 사이트에 접속하면 민원이나 정책을 내고, 정부 정책에 관해 토론할 수 있다.

그림 26 민주주의 서울 홈페이지

한편 국가뿐 아니라 지역 차원에서도 온라인 플랫폼을 통해 국민의 참여를 키워나가고 있다. 서울시와 수원시가 대표 사례인데, 서울시는 '민주주의 서울' 사이트<small>democracy.seoul.go.kr</small>를 개설하여 지역 주민의 의견을 수렴하고 있다. 주민이 해당 사이트를 통해 자유롭게 정책을 제안하면, 서울시는 그 일부를 선정해 주민투표에 부친다.

이처럼 국민이 국가의 방향을 결정하는 데 더욱 손쉽게 목소리를 낼 수 있게 된다면 '국가'와 '정부'는 우리 삶에 더욱 가까워질 수 있을 것이다.

심화 책임 떠넘기기: 정치의 사법화

'정치의 사법화'란 말을 들어보았는가? 정치적 사건의 최종 결론이 정치적 과정이 아닌 사법적 과정에 의해 나오는 현상을 가리키는 말이다. 1987년의 9차 개헌으로 부활한 헌법재판소가 국민에게 존재감을 드러낸 것은 2004년 노무현 대통령에 대한 탄핵심판 때였다.

당시 국회는 대통령을 정치적으로 압박하기 위해 무리하게 탄핵소추안을 의결한 후 헌법재판소에 제출하였다. 정치에서 가장 중요한 문제 중하나인 대통령에 대한 신임 여부를 '헌법재판소'라는 사법 기관에 판단해 달라고 부탁한 셈이다.

헌법재판소는 이에 대해 기각 판결을 내렸다. 당시 여론이 주로 탄핵에 반대했던 것은 사실이나, 해당 결정은 정치적이라기보다는 사법적인 판단을 근거로 하고 있었다.

오늘날 헌법재판소의 역할은 확대되고 있다. 264건이 접수된 1991년에 비해 2016년에는 그 7배가량 되는 1,951건의 사건이 접수되었을 정도다. 그렇다면 이렇듯 심화되는 정치의 사법화는 어떤 결과를 가져올까?

먼저 가장 중요하게는 정치적 문제의 사법적 해결이 민주주의 원칙에 반할 여지가 많다. 전체 주권자 혹은 주권자들이 권리를 위임한 대표자들에 의해 의사결정이 이루어질 때 민주적이라 할 수 있다. 그 과정에는 토론과 숙의가 포함되어야 한다.

그런데 사법적 판단은 국민의 선택과는 무관한 소수의 권력자에 의해 만들어진다. 가장 중요한 정치적 문제를 선출되지 않은 권력에 맡기는 것이

민주주의 원리에 부합하는지는 생각해볼 만한 주제다. 소수의 권력자가 마음만 먹으면 국민의 뜻과 전혀 다른 결정을 내릴 수도 있기 때문이다.

물론 정치의 사법화를 민주주의가 심화되며 나타나는 현상으로 볼 수도 있다. 전적으로 힘의 논리에 의해 모든 정치적 문제가 해결되는 나라에서는 정치 권력을 잡은 사람들이 무엇이든 마음대로 처리할 수 있다. 정치의 사법화도 어느 정도 민주주의가 성숙한 나라에서나 가능한 일이다. 다만 정치 권력과 사법부의 유착 관계에 대한 비판, 사법부 구성원의 선발 과정에 대한 문제 제기 등으로 볼 때 사법부에 대한 우리나라 국민의 신뢰가 높은 상황은 아닌 것 같다. 그래서 대통령 탄핵이나 정당 해산처럼 지극히 정치적인 문제를 해결할 때 사법부의 힘을 빌리는 모습에 국민은 물음표를 던지게 된다.

정치의 사법화, 당신은 어떻게 생각하는가?

예산

국회에서 예산안을 처리하는 12월이면 '쪽지 예산'에 관한 뉴스가 종종 나오곤 한다. '쪽지 예산'이란 말 그대로 회의 도중에 누군가가 자기 이익을 챙겨달라고 보낸 쪽지를 보고 예산을 편성하는 것이다. 쪽지 예산은 특히 지역구 국회의원들이 자기 지역에 무언가를 건설해서 유권자들의 마음을 얻기 위해 쓰는 수법이다. 하지만 이렇게 충분한 고민 없이 예산을 탕진해도 되는 것일까?

미리 허락받고 쓰는 돈, 예산

"매달 월급의 일부를 주면 집을 관리해드립니다."

만약 이런 제안을 받는다면 당신은 어떻게 하겠는가? 월급의 일부가 얼마인지 모르기 때문에 선뜻 받아들이기 힘들 것이다. 하지만 사실 우리는 이미 강제로 우리의 돈을 누군가에게 맡기고 있다. 앞에서 이야기한 세금이 바로 그 돈이다.

우리는 우리가 직접 하기엔 너무 힘든 일들, 예를 들어 국방이나 치안 유지를 국가에 맡기는 조건으로 국가에 세금을 낸다. 그리고 월급 중 얼마나 국가에 떼어줄지는 우리가 뽑은 대리인들이 국회에서 법으로 정하고 있다.

그러면 다시 앞의 제안으로 돌아가 보자. 우리는 어쩔 수 없이 이 제안을 받아들여 누군가에게 우리 집의 관리를 맡겼다고 상상해보자. 관리비를 얼마나 낼지는 이미 법으로 정한 상태다.

그렇다면 이제 무엇이 남았을까? 바로 관리인이 우리가 준 돈으로 어떻게 집을 관리할지 정하는 일이다. 이번 달 관리비로 냉장고를 새로 들일지, 조명을 바꿀지 혹은 베란다에 화분을 더 놓을지 정할 수 있다.

그런데 우리 집 관리인이 우리에게 아무런 말도 없이 매달 관리비를 사용한다면 어떨까? 갑자기 새 냉장고를 사들이는 식으로 말이다. 일단 계획 없이 돈을 쓰다 보면 정작 필요한 곳에 돈을 못 쓰는 상황이 벌어질 수 있다. 집 관리가 제대로 되지 않는 것이다. 그리고 그보다 더 큰 문제는 집의 주인이 뒤바뀐다는 점이다. 우리가 돈을 내고 집 관리를 부탁했음에도 원치 않는 새 냉장고를 마주해야 할 수도 있다.

그렇다면 집 관리를 제대로 받는 동시에 진짜 집주인으로 남으려면 어떻게 해야 할까? 관리인으로부터 이번 달 관리비(예산)를 어떻게 쓸지 계획(예산안)을 미리 받은 뒤 그 사용을 허락하는 것이 가장 쉬운 방법일 것이다. 그리고 다음 달에 실제 사용한 것을 계획과 비교해보고 그 관리인을 계속 고용할지까지 판단한다면 더 확실하게 관리할 수 있다.

이는 실제로 현재 우리나라에서 세금을 관리하는 방식이기도 하다. 우리나라의 관리인이라 할 수 있는 정부가 세금을 어떻게 사용할지 예산안을 만들어오면 나라의 주인인 국민을 대신해 국회의원들이 예산안을 검토한다. 이들은 국민의 의견을 반영해 예산안을 수정하고, 이후에 정부가 예산을 사용한 후에는 다시 국회에 검사를 받는다.

지금부터 이런 과정을 구체적으로 살펴보려 한다. 우리 집의 주인으로서 우리의 돈이 어떤 과정을 거쳐 쓰이고 있는지, 그 돈이 더 잘 쓰이기 위해 우리는 어떤 방법을 사용할 수 있을지 함께 고민해보자.

예산의 시작, 회계연도

알뜰한 살림살이를 위해 국가는 돈을 얼마나 쓸지 계획을 만들고, 돈을 쓰고 난 뒤에는 그 내역을 정리한다. 이를 우리는 예산안과 결산안이라고 한다. 우리가 흔히 쓰는 가계부와 비슷하다고 할 수 있다. 하지만 가계부와 예·결산안에는 차이가 있다.

내 가계부야 정리가 필요하다고 느낄 때 매일 또는 한 달에 한 번씩 쓰면 된다. 돈의 주인도, 돈을 쓸 수 있는 사람도, 돈 쓸 허락을 해주는 사람도 나 자신이기 때문에 원하는 때 아무 때나 돈을 쓰고 가계부를 써도 된다.

반면 국가의 돈은 여럿이 함께 쓰는 돈이다. 달리 말해 국민 전체가 돈의 주인이다. 수많은 사람이 돈의 주인인 만큼 돈을 어디에 얼마나 쓸지에 대해 다양한 생각들이 있을 것이다.

그런데 돈을 실제로 쓰는 것은 누구일까? 바로 우리의 정부다. 행정부는 국민에게 받은 세금을 어디에 어떻게 쓸지 직접 정한다. 그리고 이를 허락해주는 것은 국민을 대신하는 국회다. 국민의 돈을 정부가 마음대로 쓰는 것을 막기 위해 국회는 감시를 한다.

이처럼 국가의 돈은 이를 쓰는 사람과 쓰도록 허락해주는 사람이 다르기 때문에 행정부는 예산안과 결산 보고서를 만들어 국회에 낸다. 한번 돈을 모으면 돈을 쓸 수 있도록 허락을 받고, 돈을 쓰고 난 뒤 가계부를 작성하는 셈이다. 이때 이 '한 번'을 '회계연도'라고 한다.

국가재정법 제3조(회계연도 독립의 원칙)

각 회계연도의 경비는 그 연도의 세입 또는 수입으로 충당하여야 한다.

현재 우리나라의 회계연도는 1월 1일부터 12월 31일이니, 딱 1년마다 한 번씩 허락하는 절차를 밟는다. 나라의 살림살이 계획은 대체로 1년씩 이루어지는 셈이다.

하나의 회계연도는 다섯 단계로 이루어진다. 먼저 실제로 일할 사람들이 돈 쓸 계획을 짜오면, 우리를 대신해 국회의원들이 계획을 검토한 뒤 예산 사용을 허락해준다. 허락을 받아야만 행정부의 공무원들이 실제로 돈을 쓸 수 있다. 그렇게 돈을 쓰고 한 회계연도가 끝날 때쯤 정부는 어떻게 돈을 썼는지를 정리해 다시 국회에 제출한다. 국회의원들이 이를 바탕으로 정부가 계획대로 돈을 썼는지 검사하면 하나의 회계연도가 끝난다.

국가 재정의 순환

① 정부 예산 편성: 계획

② 국회 예산 심의: 허락

③ 예산 집행: 살림살이

④ 정부 결산: 가계부 쓰기

⑤ 국회 결산 심의: 검사

정부의 계획: 기획재정부

첫 번째 단계에서 정부는 돈 쓸 계획을 세우는데 이를 정부 예산 편성이라 부른다. 우리는 마치 한 사람인 것처럼 '정부'라 일컫지만 사실 15만 명(공무원 중 교육공무원과 경찰공무원을 제외한 일반 행정공무원 기준)이 넘는 사람들이 모두 정부의 이름을 달고 서로 다른 부처에서 일하고 있다.

어느 부처든지 더 많은 돈을 가지고 일하고 싶을 텐데, 부처마다 원하는 계획을 국회에 제출한다면 어떤 일이 일어날까? 국회가 누구의 말을 들어줄지 정하기가 몹시 어려울뿐더러 무엇보다도 한 나라가 하나의 방향으로 나아갈 수 없다.

이를테면 국방부는 전쟁을 대비해 더 많은 무기를 살 것을 요구하는 반면, 외교부는 다른 나라가 우리나라를 경계하지 않도록 무기를 줄이자고 할 것이다.

따라서 하나의 정부가 하나의 계획을 세우려면 정부 안에서도 조율이 필요하다. 다른 모든 부서의 요구를 나라 전체가 나아갈 방향에 맞게 조정하는 정부 안의 반장 역할 말이다.

그리고 바로 기획재정부가 이 반장 역할을 맡고 있다. 기획재정부는 우선 미리 각 부서가 어떻게 예산을 짤지 알려준다. '예산안 작성 지침'에 우리나라의 한 해 목표부터 이 목표를 달성하기 위한 더 구체적인 사업 목표들, 그리고 효율적으로 예산을 짤 수 있는 방법을 담아 각 부처에 보낸다.

그러면 각 부처는 이 지침에 맞추어 예산을 만들고 다시 기획재정부에 보낸다. 그냥 마음대로 짤 수는 없을까?

정부 안에서 반장의 힘은 정말 세다. 기획재정부는 부처가 요구하는 예산을 조정하거나 조정을 미루거나 심지어 각 부처가 받은 돈을 사용하는 것을 중단하게 할 권한도 가지고 있다. 다시 말해 모든 부처의 예산은 결국 기획재정부의 손에서 완성된다.

국회의 허락

이제 정부 측 대표인 기획재정부는 조율을 마친 예산안을 가지고 국회의 허락을 구하러 간다. 그러면 우리의 대리인인 국회의원이 등장해 예산안을 검토한다.

그런데 예산안이 얼마나 알뜰하게 짜였는지, 불필요한 곳이나 필요하지만 빠뜨린 곳은 없는지 검토한다는 게 말만큼 쉽지가 않다. 잘 잡은 계획인지 알려면 정부가 하려는 일 하나하나를 정확히 알고 있어야 하기 때문이다.

예를 들어 2017년 예산에는 이런 내용이 있었다.[42]

○ 실업, 폐업 등 위기상황으로 생계유지가 곤란한 저소득 위기 가구를 신속하게 지원하기 위해 긴급 복지 확대

＊ 긴급 복지: (2017 최종) 1,113억 원

내가 국회의원이라고 생각해보자.

1,113억 원이라는 금액은 적절한가? 이 숫자가 적절한지 알려면 이 숫자를 구한 과정을 하나씩 따라가 보아야 할 것이다. 일단 지금 실업과 폐업 같은 위기상황에 처한 사람들이 몇 가구나 되는지를 알아야 한다. 많을수록 더 많은 돈이 필요할 테니까 말이다. 또 지금 위기상황에 처한 가구 수뿐 아니라 2017년의 경기를 내다보고 얼마나 많은 가족이 추가적으로 위기상황에 처하게 될지도 추측해야 한다.

내년에 생계유지가 어려워질 가구 수를 예측했다면, 다음은 한 가구당 얼마가 필요할지를 정할 차례다.

'한 가구당 몇 명이나 될까? 예전에는 보통 4인 가구가 기준이었는데, 요즘에는 아이를 몇 명 안 낳으니까 3명이라고 치면, 3명이 생활하는 집에서 얼마의 생활비가 필요한지를 계산해보아야겠다.'

이렇게 2017년에 위기상황에 처할 가구 수와 한 집마다 필요한 생활비를 곱하면 지원해주어야 할 금액이 구해진다. 스스로 구한 금액과 1,113억 원을 비교해보면 정부 예산이 적절한지 판단할 수 있다.

숫자 하나를 검토하는 데도 이렇게 많은 정보와 판단이 필요한

데, 수백 개의 숫자가 있는 전체 예산안은 어떨까? 당연히 국회의원 한 명 한 명이 모든 숫자를 확인하기에는 시간도 부족하고 정보나 사전 지식의 한계도 있을 것이다. 그래서 각 분야의 문제를 해결하기 위한 팀인 국회 상임위원회가 등장한다. 정부의 부처마다 그 분야에 해당하는 상임위원회가 해당 부처의 예산을 심사하고 결과를 발표한다. 이후 예산결산특별위원회라는 특수한 목적을 지닌 위원회가 상임위원회들의 의견을 모아 종합적인 평가를 내리고, 최종안을 본회의 투표에 부친다.

각 상임위원회가 맡은 분야에 대해 가장 열심히 공부하고 잘 알고 있기는 하지만, 사실 상임위원회에 정부 예산을 허락해줄 권한은 없다. 상임위원회는 예비 심사를 해서 의견을 알려줄 뿐이다.

그렇지만 상임위원회가 예산안의 마지막 고비라 해도 과언은 아니다. 예산결산특별위원회가 상임위원회의 심사를 존중하도록 법으로 정해져 있는 데다, 새로운 항목을 추가하거나 예산을 늘리려면 꼭 상임위원회가 동의해야 하기 때문이다. 웬만하면 각 분야를 열심히 연구한 국회의원들의 말을 귀담아듣기로 약속한 것이다.

최종 허락: 본회의

매해 12월이 되면 뉴스에서 "국회 예산 심의 또 연기"와 같은 이야기를 심심찮게 들을 수 있다. 이때 말하는 심의가 바로 본회의 심사다.

재미있게도 본회의의 예산 심의는 매해 어김없이 늦어지곤 한다.

원칙대로라면 예산안은 회계연도 개시 30일 전까지, 그러니까 1월 1일로부터 30일 전인 12월 1일까지는 꼭 통과되어야 한다. 하지만 국회의원들은 예산안 심사에 아주 민감할 수밖에 없다. 타협의 성공이나 실패가 숫자로 드러나는 데다가 지역구 의원들의 경우 자기 지역이 혜택을 보게 될 사업에 더 많은 예산을 배정하고 싶어 하기 때문이다.

게다가 국회가 12월 1일을 넘기더라도 강제할 수 있는 수단이 없어 예산안 심의는 십중팔구 늦어지게 된다. 하지만 늦어지는 의결에 국회의원들 역시 책임이 있기에 예산안 의결이 오래 미뤄질수록 국회에 쏟아지는 비난도 거세진다. 따라서 늦어도 12월 초 중에 예산 심의가 마무리되곤 한다.

숙제 검사 안 하면 숙제할 리가 없지: 결산 심사

한 회계연도가 끝나갈 즈음, 공은 다시 국회로 돌아온다. 기획재정부가 회계연도 동안 쓴 돈을 보고서로 작성하여 국회에 제출하면 국회는 맡긴 돈을 허락해준 대로 썼는지 확인한다.

가계부를 작성해본 경험이 있다면, 계획을 잘 짜는 것도 중요하지만 계획이 얼마나 잘 이루어졌으며 남은 돈이 얼마인지 확인해서 다음 계획에 반영하는 게 더 중요하다는 점을 잘 알 것이다. 확인하지 않는다면 계획을 짜더라도 계획대로 이루어지리라는 보장이 없으니까 말이다.

그런데 어떻게 써야 정말 잘 쓴 걸까? 일단 소중한 돈인 만큼 아껴 써야 한다. 우리가 가계부를 쓸 때도 지출을 줄이면 좋다고 하지 않는가!

그런데 나라의 살림살이는 꼭 돈을 덜 쓰기만 한다고 좋은 것은 아니다. 한 회계연도가 끝난 뒤 돈이 남았다면, 쉽게 말해 '세금을 괜히 거두었다'는 뜻이다. 꼭 필요한 사업만 알뜰한 금액으로 계획해야 하는데 하지도 않을 쓸데없는 사업을 예산에 넣었거나 꼭 해야 할 일을 하지 않은 꼴이 된다.

그래서 공무원들은 계획을 알뜰하게 짜되, 한번 받은 돈은 최대한 남기지 않고 다 써야 한다. 나라의 살림살이는 '얼마나 적게 썼는가'보다 '얼마나 제대로 썼는가'가 훨씬 중요하기 때문이다. 더도 말고 덜도 말고 국민이 주문한 만큼만, 좋은 질의 '세트 상품'을 빠짐없이 잘 전달해야 한다는 것이다.

하지만 수천만 국민을 대상으로 수만 개의 사업을 벌이는 데 있어 불확실한 상황들은 매우 많다. 재난 재해 상황처럼 비상사태에는 갑자기 더 많은 돈을 써야 할 수도 있고 경기가 좋아져서 예상보다 세금을 더 많이 거둬 돈이 남을 수도 있다.

이처럼 계획을 매우 엄격하게 지키기 어려운 현실을 인정하고 여러 예기치 못한 조건에 대처하기 위해 나라 살림살이에는 '추가 경정 예산'이라는 기회가 마련되어 있다. 이것은 뉴스에서 '추경' 또는 '추경 예산'이라고 부르곤 하는 돈인데, 한마디로 비상금이다. 비상금이라 해도 우리가 낸 돈이니 우리를 대신하는 국회의 동의를 받아야한다는 점은 같다.

이때 중요한 점은 비상금을 너무 자주 또는 너무 많이 쓰면 안된다는 것이다. 마음대로 비상금을 쓸 수 있다면 회계연도마다 계획을 짜고 허락을 받는 의미가 없어진다.

그래서 전쟁이나 대규모 재해가 발생한 경우, 경기 침체·대량 실업·남북관계의 변화처럼 예상치 못한 중대한 변화가 있는 경우, 법에 따라 정부가 지출할 부분이 갑자기 증가하거나 생긴 경우에만 국회에 SOS를 요청할 수 있다.

하지만 때로는 '슈퍼 추경'이라고 부를 정도로 비상금이 지나치게 크기도 하다. 2009년에는 경기 침체를 이유로 일자리를 만들기 위한 추경 예산이 28조 4,000억 원에 이르렀는데, 그 당시 한 해 예산이 300조 원대였던 점을 고려하면 1년 열두 달에다가 한 달 치를 추가해버린 셈이다.

이처럼 추가 경정 예산을 편성하려 할 때는 사람마다 지금이 비상상태인지에 대한 판단이 다를 수 있으니 과연 지금 추경이 꼭 필요한지를 더욱 잘 따져보아야 한다.

얼마나 제대로 썼는지를 확인하는 과정은 예산 심의와 다르지 않다. 상임위원회가 맡은 분야를 평가하고 그것을 모아 예산결산특별위원회가 종합 의견을 내면 본회의에서 투표를 거쳐 결산 심의 결과를 공식 발표한다. 이렇게 국회가 투표를 통해 정부 결산을 승인하면, 정부는 지난 한 개 회계연도에 대해 책임을 다한 것으로 간주된다.

만약 결산 심의 중 정부의 잘못이 발견된다면 국회는 정부를 대상으로 '시정 요구'를 할 수 있다. 잘못을 발견했으니 책임지고 다음 숙제 때 고쳐오라는 말이다.

국회가 정부를 혼낼 수 있는 권리가 국회법 제84조에는 다음과 같이 적혀 있다.

국회법 제84조 제2항

결산의 심사결과 위법 또는 부당한 사항이 있는 때에 국회는 본회의 의결 후 정부 또는 해당 기관에 변상 및 징계 조치 등 그 시정을 요구하고, 정부 또는 해당 기관은 시정요구를 받은 사항을 지체 없이 처리하여 그 결과를 국회에 보고하여야 한다.

하지만 우리나라 국회의 경우 예산 심사 뒤 결산을 의결하는 경우가 많다. 숙제 검사를 하기 전에 새 숙제를 내주고 있는 꼴이다. 그래서인지 현실에서는 숙제 검사가 제대로 이루어지지 않는 듯하다.

위의 법에는 "지체 없이" 처리하라고 되어 있는데, 인터넷에 '국회 시정 요구'를 검색하면 이런 기사가 바로 화면에 뜬다.[43]

국회 시정 요구에도 되레 증액 … 통제 안 받는 기재부의 '성역'

국회 예산정책처에 따르면 국회는 지난해 결산을 통해 예산 과다 편성과 집행 실적 부진, 유사·중복 등의 사유로 228개 재정 사업에 대해 시정을 요구했다. 하지만 기재부는 104개 사업의 예산을 오히려 증액했고 7개 사업은 예전과 같은 규모로 편성했다. 국회 지적의 절반가량(48.7%)을 무시한 것이다.

숙제 검사가 제대로 되지 않는다는 걸 알게 된 학생이 다음 숙제를 얼마나 열심히 해갈까? 그렇게 숙제 검사인 마지막 다섯 번째 결산 심의는 다시 첫 번째 예산의 시작이 된다.

예산안에 쓰지 않은 구체적인 결정들은 모두 예산을 실제로 집행할 때
이루어진다. 말하자면 얼마나 쓸 수 있는지는 국회가 정해주고, 그것으로
구체적으로 무엇을 살지는 행정부가 알아서 정한다.

알아서 예산이 쓰이는 경우는 크게 2가지로 나뉜다. 하나는 사업에 필요
한 물건이나 서비스를 사는 돈이다. 다른 하나는 사업에 직접 쓰이는 건
아니지만 일하는 동안 필요한 돈이다.

우선 사업에 필요한 계약, 구매, 입찰에 쓰이는 돈이 있다. 공공사업을 진
행할 때는 자주 회사가 정부를 대신해서 일을 처리한다. 만약 도로를 하
나 닦아야 한다면 공무원들이 직접 시멘트를 붓기는 어려울 것이다. 그
러므로 회사와 계약하여 일을 맡기곤 한다. 중요한 건 정부 사업은 그 일
을 맡거나 필요한 물건을 판매하는 기업이 꽤 많은 돈을 안정적으로 벌
기회라는 점이다. 기업이 마음을 달리 먹는다면 공무원에게 부정한 부탁
을 할 수도 있다.

그래서 정부가 일을 맡길 회사를 결정할 때는 반드시 기업들이 경쟁하도
록 한다. 앞서 말한 도로 건설의 경우, 여러 건설사가 이 사업에 지원해서
가격과 조건을 제시하면 제안들을 비교하여 하나를 선택한다. 일종의 공
개입찰이다.

그러나 특수한 경우, 예를 들어 무기 구입과 같이 기밀에 부쳐야 하는 사
업 혹은 진행할 수 있는 기업이 몇 없는 사업이라면 정부가 직접 하나를
골라서 일을 맡길 수도 있다. 이럴 때는 일을 맡은 기업이 해당 사업을 진

행하기 위한 좋은 기술과 조건을 갖추었는지, 혹시 특정 기업을 위해 불필요한 사업을 벌인 것은 아닌지 등을 더더욱 꼼꼼히 검토해야 한다.

다른 하나는 사업비는 아니지만 일하는 동안 필요한 돈이다. 대표적으로 '업무 추진비'를 꼽을 수 있는데, 말 그대로 업무를 추진하는 동안 나가는 비용으로서 공무원들의 식사, 전문가들을 모셔놓고 조언을 듣는 간담회 개최 등에 쓰인다.

목적이 뚜렷하기보다는 여러 가지 부수적인 일에 사용되는 돈인지라 유연하게 사용될 수 있어야 하는 한편, 지나치게 사치스럽게 사용될 위험도 있다.

다만, 예산 집행 과정을 하나하나 규칙으로 만들어놓기는 쉽지 않을뿐더러 바람직하지 않을 수도 있다. 나라의 전체적인 방향만 함께 설정해놓으면, 구체적인 일은 직접 실행하는 사람이 가장 잘 아는 상태에서 결정할 수 있을 테니까 말이다.

정부의 저축통장, 기금

혹시 복권을 사본 적이 있는가?

복권에 당첨돼 벼락부자가 되는 상상을 한 번쯤은 해봤을 것이다. 적은 돈으로 이른바 인생 역전을 할 수 있다는 복권의 특성 때문에 많은 사람이 재미 삼아 복권을 사기도 한다.

2016년에는 추첨식 복권인 로또 복권 판매액이 약 3조 5,000억 원에 이르렀다고 한다.[44] 그야말로 어마어마한 양이다.

그렇다면 이 엄청난 복권 판매 금액을 누가 가져갈까? 우리나라에서 만들어지는 복권은 '복권위원회'가 발행한 복권이다. 복권위원회 이외의 단체나 개인이 복권을 만드는 것은 예외적인 경우를 빼곤 불법이다. 이 복권위원회는 기획재정부에 속해 있다. 기획재정부, 앞에서 봤던 바로 그곳이다. 매년 국가의 예산을 짜는 곳 말이다. 그렇다면 복권위원회는 왜 기획재정부에 소속돼 있을까?

국가의 돈, 국가 재정은 기본적으로 세금으로 이루어지지만 이외에도 '기금'이라는 것이 존재한다. 기금은 기존에 국가가 가진 돈이나 복권 등을 통해 국민으로부터 직접 걷는 돈을 모아서 만드는 것으로 일종의 저축통장인 셈이다. 국민연금이나 고용보험 같은 사회보험이 기금에 해당한다.

기금은 비록 세금에 포함되진 않지만 국민의 돈을 쓴다는 사실은 같다. 그래서 정부가 기금을 만들고자 할 때는 국회의 허락을 받아야 한다. 즉 기금을 위한 법률을 따로 만들어야 한다. 이때 기금을 어떤 '특정한 목적'으로 쓸 것인지도 정해진다. 국민연금은 국민의 노후 준비 서비스를 제공하기 위해, 복권기금은 과학기술 증진이나 문화재 보호 등 공익사업에 쓰이기 위해 만들어졌다.

그런데 한번 만들어진 기금은 위에서 이야기한 정부의 예산, 즉 세금과는 별개로 운영된다. 세금을 쓰기 위해서는 국회의 허락을 받아야 하지만 기금은 그렇지 않다.

복권위원회처럼 기금을 관리하는 기구에서 매년 기금에 대한 운영 계획서, 그리고 결산 보고서를 국회에 제출하긴 하지만 별도로 국회의 허락이나 승인이 필요하지는 않다. 특정한 목적을 위해 모으는 돈인 만큼 융통성을 발휘해 쓸 수 있도록 한 것이다.

그렇지만 정부라고 기금을 마음대로 써도 되는 것은 아니다. 특정한 목적을 위해 국민의 돈을 쓰는 만큼 기금은 공정하고 투명하게 운영되도록 요구받고 있다.

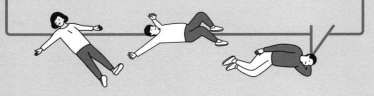

4장

정치의 미래

어떻게 주인이 될 것인가

지방자치단체

지금까지의 대리인들은 국가와 국민을 대신하여 이런저런 결정들을 내려주는 사람들이었다. 하지만 강원도 고산지대에서 겨울마다 폭설로 교통이 마비되는 문제를 해결하기 위해 전국의 국회의원 300명이 국회에서 논의한다면 어떨까? 제주도에 지역구를 둔 국회의원은 아마 일말의 관심도 없을 것이다. 어찌어찌 해결책을 내놓는다 해도 동네별 지형과 교통 상황에 맞지 않을 수도 있다. 결국 이해관계가 걸린 사람들이 직접 결정을 내리는 편이 좋다. 세계적인 문제라면 여러 나라의 대표들이 모여서 결정하고 학교의 일은 교직원, 학생, 학부모가 결정하듯 말이다.

이게 왜 정치의 미래?

4장의 제목은 '정치의 미래'다. 당신이 이 책의 저자라면 '정치의 미래'라는 제목 아래에 무엇을 쓰겠는가?

대통령, 헌법? 그러나 우리는 별로 들어본 적도 없고 관심도 없는 지방자치단체를 넣어보았다. 왜 그랬을까? 매일매일 피부로 느끼는 삶의 질을 직접 올려줄 가장 유망한 대리인이라고 생각했기 때문이다.

그러면 지방자치단체가 유망한 이유는 무엇일까? 이들이 다루는 주제가 생활과 밀착되어 있기 때문이다.

몇 가지 나열해보자면 쓰레기 수거, 상하수도 물 관리, 소방, 보건과 위생, 버스와 지하철, 기초연금이나 무상 보육 제공 서비스…. 국방이나 경제 성장 같은 전국적인 얘기들보다 머리에 그림이 더 잘 그려지는 단어들이다.

세금을 내고 정부가 제공하는 세트 상품을 일괄적으로 나눠 가

그림 27 지방자치 국민 인식 조사

그동안 주민의 뜻을 잘 반영해왔다고 생각하십니까?(n=1,000, 단위: %)

	그렇다	아니다	잘 모르겠다
자치단체장	21.7	37.7	40.6
지방의회 의원	16.5	37.5	46

출처: 지방자치발전위원회, 2015

지는 것도 중요하지만, 위의 단어들처럼 생활과 밀착된 부분일수록 개개인이 꼭 필요한 맞춤형 서비스를 받는 것도 필요하다. 이 맞춤형 서비스를 제공하는 존재가 바로 지방자치단체다. 아무래도 수천만 명을 동시에 관리해야 하는 중앙정부보다야 지방자치단체가 주민 한 명 한 명을 더 잘 파악하고 이들의 요구에 더 민감하기 때문이다.

특히 복지 정책의 경우 중앙정부가 정책을 세우지만, 실행은 지방자치단체가 하는 경우가 많기 때문에 지방자치단체의 활약이 중요하다. 도움이 꼭 필요한데도 혜택을 받지 못하는 안타까운 사연이 없는지 살피는 것. 그리고 똑같은 어린이집 똑같은 복지관이라도 훨씬 질 좋고 내실 있는 서비스를 제공하는 것 모두 지방자치단체의 몫이다.

하지만 지금 상태 그대로는 진짜 유망주라고 하기에 조금 민망하다. [그림 27]에서 볼 수 있듯, 아직 많은 사람은 지방자치단체가 주민 뜻을 잘 반영한다고 생각하지 않는다. 다른 한편에서는 사람들이 지방자치에 대해 잘 모르거나 아예 관심이 없다고 한다. 이러니 선거를 통해 평가받는 일 역시 드물다.

그러니 지역 정치인들 처지에서는 당선되고 싶으면 누구를 위해 봉사하겠는가? 지역 주민 공공의 이익이 아니라 동네 산악회나 부녀회를 꽉 잡고 있어 입소문을 내줄 수 있고 후원금을 대줄 돈도 있는 지역 유지, 토호들이다. 그 결과 역대 시장들이 줄줄이 비리에 연루되는 꼴[45]이 벌어진다.

이를 보면서 안 그래도 관심 없던 사람들은 관심을 주기도 싫어지는 악순환이 반복되곤 한다. 혹시 좋은 뜻을 가진 지역 정치인이라 해도 돈도 힘도 주민들의 관심도 없으니 성공적인 사례가 드물 수밖에 없다.

지방자치의 이런 형편을 두고, 한 도지사는 다음과 같이 표현하기도 했다.[46]

현재 지방자치는 없고 지방선거만 있다.

하지만 현실의 어려움에도 불구하고 지방자치를 포기하기에는 아직 빛을 보지 못한 장점들이 많고, 이 장점들은 앞으로 우리에게 더 중요해질 것이다. 또 드물게나마 꾸준히 좋은 지방자치의 사례가 발굴되고 있다. 문제가 많은 지방자치지만 미래의 삶의 질을 위해서라도 고쳐 쓸 수는 없을까?

4장에서는 지방자치가 주인들에게 봉사하고 진짜 '유망주'가 되기 위해 넘어야 할 과제 3가지를 꼽아보았다. 하나씩 살펴보며 지방자치가 정치의 미래가 될 만한지 생각해보자.

어디까지 지방이 할 일일까?

지방자치의 첫 번째 문제는 지방이 할 일이 어디까지인지 잘 모르겠다는 점이다.

지금 우리 법상으로는 중앙정부가 지방정부에 아예 지방에 관한 일을 다 맡겨두는 것도 아니고, 반대로 지방정부가 할 일을 구체적으로 일일이 나열해둔 것도 아니다. 그나마 지방자치법 제9조에서 지방이 할 일을 크게 6가지 분야로 구분하고 분야마다 주제들을 나열하고 있기는 하다.

그러나 곰곰이 생각해보면 아래 6가지는 대부분 중앙정부도 활발하게 정책을 세우고 있는 분야니 겹치는 상황이 발생할 수밖에 없다.

지방자치법 제9조(지방자치단체의 사무 범위)

① 지방자치단체의 구역, 조직, 행정관리 등에 관한 사무

② 주민의 복지 증진에 관한 사무

③ 농림·상공업 등 산업 진흥에 관한 사무

④ 지역개발과 주민의 생활환경시설의 설치·관리에 관한 사무

⑤ 교육·체육·문화·예술의 진흥에 관한 사무

⑥ 지역민방위 및 지방소방에 관한 사무

정책을 소비하는 주인들 입장에서야 누가 하든 결과만 좋으면 되는 거 아닌가 싶다. 하지만 업무 분리가 확실하지 않으면 피해를 보

는 건 주인들이다. 일단은 지방과 중앙이 서로 일을 미루느라 일 추진이 잘 안 되고 우리는 필요한 서비스를 제때 받기 어렵다. 또 더 큰 문제는 일이 잘못돼도 누가 책임질지 명확하지 않다는 점이다. 대리인이 잘못해서 주인이 피해를 입었는데 어느 대리인을 해고해야 할지 모른다면 이후에도 일이 잘못되는 것을 막을 수 없게 된다.

실제로 모호한 업무 구분을 이용해서 정부와 지방자치단체장이 마음대로 정책을 추진하려는 것을 주민들이 적극적으로 막은 사례가 있다.

2011년 삼척과 영덕이 원전 건설 후보지로 발표되었을 때, 삼척시 주민들은 원전 건설에 강하게 반발했다.[47] 삼척시 시장이 시의회의 동의를 얻어 원자력발전소를 유치하겠다고 신청한 것이었는데, 이에 반대하는 주민들은 원전을 유치 찬반 주민투표를 하자고 나섰고, 2014년 시의회도 주민투표 동의안을 통과시켰다.

그런데 문제는 삼척 선거관리위원회였다. 삼척 선관위는 원자력발전소는 국가 사무라고 하면서 주민투표를 시행하지 않겠다는 입장을 밝혔다. 그래서 삼척주민들은 따로 단체를 만들어 자체적으로 주민투표를 감행했다.

비공식이지만 원래의 주민투표법대로 투표율이 3분의 1이 넘지 않으면 개표를 안 하기로 했는데, 결과는 투표율 67.9%에 원전 유치를 반대하는 표가 84.9%에 이르렀다. 그동안 원전 유치를 추진한 전임 시장과 정부 등이 주민 서명부를 근거로 "삼척시민 96.9%가 찬성하고 있어 주민 수용성에는 아무런 문제가 없다"고 밝힌 것과 정반대의 결과였다.

이런 일이 발생하는 이유는 무엇일까? 우리나라의 지방자치는 1995년 처음 지방선거를 치른 이후 꾸준히 중앙정부로부터 일을 넘겨받는 중인데, 20년이 넘도록 업무 정리가 끝나지 않았기 때문이다. 공무원은 법으로 그 부서가 하도록 정해진 일만 하는데 아직 법 제정과 개정이 다 이뤄지지 않은 것이다.

그래서 '중앙과 지방의 업무 구분을 확실히 하고, 지방에 넘겨줘야 하는 일들은 일일이 법으로 만들기 어려우니 한꺼번에 법 하나를 만들어 지방에 넘기자'는 지방일괄이양법이 1999년 처음 제안되었다. 그런데 내용이 여러 분야에 걸쳐 있어 이 법안을 어느 상임위가 담당할지도 불분명하고, 이양되는 업무 중 이해관계가 복잡한 것들이 있다 보니 정권마다 추진한다면서 2017년 현재까지도 국회 본회의는커녕 상임위에 올리지도 못했다.[48]

한편 지방분권을 주장했던 문재인 대통령은 2018년 개헌안 발표를 통해 지방자치단체를 지방정부로 개칭하고, 자치입법권·자치행정권·자치재정권·자치복지권의 4가지 지방자치권을 헌법으로 보장하겠다고 밝혔다. 한마디로 지방일괄이양법 같은 법률에서 한술 더 떠서 더 강력한 권한을 확실하게 주겠다는 뜻이다.

물론 개헌은 대통령이 원한다고 되는 게 아니므로 위의 내용을 말한 대로 지키기는 쉽지 않을 것이다. 하지만 대통령이 직접 그리고 강력하게 말한 만큼 지방의 역할이 명확해지고 넓어지는 방향으로 조금씩 변화가 일어나리라 보인다.

누구 카드를 긁을 것인가?

권한을 나누는 것도 문제지만, 돈이 걸린 문제에 비할 수는 없다. 중앙이 하는 일에 지방 보고 돈을 내라고 하거나 지방이 자체 사업을 하는 데 중앙 돈을 마치 엄마 카드 쓰듯 낭비하는 경우들이 있다. 전자의 경우에는 지방이 억울하고 후자의 경우에는 중앙이 지방을 불신하게 된다. 주인인 우리는 피 같은 세금을 낭비하게 된다.

이런 일이 발생하는 이유는 중앙의 일인데도 지방 주민에게 이득이 되는 경우가 있고 지방이 하는 일이지만 다른 지방까지 영향을 끼치는 경우도 있기 때문이다. 복지 정책을 법으로 만드는 건 중앙만이 할 수 있는 일인데, 전 국민을 대상으로 하는 복지 정책은 당연히 지방 주민들에게도 이득이 된다. 반대로 지방에서 자기 주민을 위해 세운 고속도로는 그 지역을 통과하는 전국의 모든 사람에게 도움이 된다. 한마디로 외부 효과 또는 파급 효과가 있는 사업들이다. 이런 문제들은 누가 얼마나 카드를 긁을지 논란을 일으킨다.

중앙이 시킨 짜장면 값은 짜장면 배달하는 지방이 내라[49]

'누리과정'은 박근혜 정부가 대통령 선거 공약을 낼 때부터 야심 차게 추진한 무상 복지 정책이었다. 3~5세에 해당하는 어린이들에게 똑같은 내용의 교육을 제공하고 보육료를 지원해주자는 것이 골자였다. 그런데 2016년 정책은 중앙에서 추진하지만 이를 실행하는 비용은 지방에서 내야 한다는 취지의 법이 통과되었다.

그림 28 지방자치단체 일반회계 중 보조사업비와 자체 사업비 비중[51]

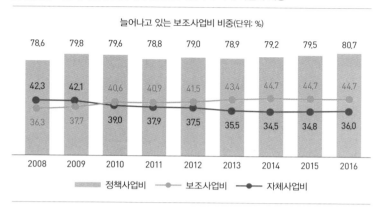

늘어나고 있는 보조사업비 비중(단위: %)

	2008	2009	2010	2011	2012	2013	2014	2015	2016
정책사업비	78.6	79.8	79.6	78.8	79.0	78.9	79.2	79.5	80.7
보조사업비	42.3	42.1	40.6	40.9	41.5	43.4	44.7	44.7	44.7
자체사업비	36.3	37.7	39.0	37.9	37.5	35.5	34.5	34.8	36.0

배고픈 시골 사람들을 보고 지나가던 중앙정부가 시킨 짜장면, 돈은 배달원이 내라니 배달원은 배달을 안 하겠다고 선언하기에 이르렀다. 서울시는 누리과정 예산을 1원도 편성하지 않았다.[50] 인건비가 밀리는 등 짜장면이 배달되지 않는 초유의 사태가 벌어졌고, 이 사태는 이른바 '보육대란'이라 불렸다.

정확한 사실관계는 2~3가지 법적 논쟁이 뒤섞여 복잡하다. 그러나 보육대란의 요지는 대통령이 추진하는 정책을 법과 시행령으로 만들어놓고서, 돈은 원래 주던 지방자치단체의 생활비(정확히는 '지방교부세', '지방교육교부세'라고 부른다)에서 알아서 떼서 쓰라고 한 것이었다.

이렇게 중앙정부가 추진하는 사업에 대해 지방에 돈을 1원도 주지 않는 것은 이례적인 상황이다. 일반적으로는 중앙정부가 특정한 목적의 사업을 추진할 때는 지방에 보조금을 주곤 한다. 그러나 이러한 국고보조사업도 지방자치단체 입장에서는 억울한 노릇이다. 지방 주민에게 도움이 되는 일이기도 하고 지방자치단체에 책임감을 부여하기 위해 사업비를 100% 주지는 않기 때문이다. 중앙 8, 지방 2와 같은 식으로 분담하는 것이다. 그러니 [그림 28]처럼 국고보조사업이 늘어날수록 지방자치단체들의 부담은 커진다. 반대로 자체 사업을 벌일 여유는 줄어든다.

엄마 카드는 일단 긁고 보는 지방자치단체도 문제다

복지 정책은 대체로 중앙에서 법으로 정하는 것이라 앞과 같이 지방이 억울한 사례가 많다. 그런데 도시계획처럼 대부분 지방의 일인 때에는 지방이 중앙의 보조금을 일단 따고 보는 경우가 많다.

이 경우에도 명분은 마찬가지다. 정책의 효과가 해당 지방자치단체가 아니라 여러 지역에 걸쳐 있거나 전국적이니까 중앙정부도 돈을 대라는 것이다. 하지만 여기서 정치가 시끄러울 수밖에 없는 이유가 끼어든다. 정책의 성과를 평가하기가, 특히 그 성과를 미리 추정하기가 만만한 일이 아니기 때문이다. 가정을 조금씩만 조정해도 나쁜 사업을 좋은 사업으로 포장할 수도 있다.

지방자치단체 입장에서는 보조금을 받지 않고 100% 지방이 부담해야 하는 사업만큼 열심히 계산기를 두드려 손익계산을 할 것인가? 보조금이라는 엄마 카드가 있는데 그럴 리가 없다. 업적을 하나라도 더 쌓을 것이다. 반대로 보조금을 주는 중앙의 입장에서도 지방자치단체장의 소위 '정치력'에 따라 숫자를 만들어주기가 쉽다.

가? 보조금이라는 엄마 카드가 있는데 그럴 리가 없다. 업적을 하나라도 더 쌓을 것이다. 반대로 보조금을 주는 중앙의 입장에서도 지방자치단체장의 소위 '정치력'에 따라 숫자를 만들어주기가 쉽다.

2017년 진행 중인 국고보조사업들을 재검토하는 연장 평가 결과, 하던 그대로 추진하라는 '정상 추진' 판정을 받은 사업은 총 215건 중 4분의 1에 불과했다. 불필요하거나 비효율적인 사업들을 정

지역 격차

지방자치는 세 종류의 돈으로 이루어진다. 직접 주민에게 거두는 지방세, 중앙에서 세금을 나눠주는 교부세, 앞서 얘기한 국고보조금이다. 국고보조금을 줄이거나, 현재 국세로 거두는 세목들을 지방세로 바꾸자는 등의 방안이 이야기되곤 한다. 그런데 이처럼 돈과 관련해서 지방자치를 변화시키려 할 때 꼭 주의해야 할 점이 있다. 바로 지역 간의 격차다.

우리나라는 인구와 부, 생활편의시설, 공공기관 등 모든 것이 서울에 쏠려 있고 지방의 경우에도 개발독재로 급속한 경제 성장을 이루는 과정에서 몇몇 지역만 집중적으로 개발되어왔다. 게다가 갈수록 젊은 사람들이 도시로 이주하면서 그나마 시골에 남아 있는 사람들은 대부분 노인이다. 이런 배경 때문에 지방자치라 해도 사정이 지역마다 몹시 다르다.

그런데 지방세의 종류를 보면 자동차나 부동산에 매기는 세금이 많다. 그러니 땅값이 비싸고 고급 승용차가 많은 동네일수록 세금 수입이 짭짤하다. 지방세를 통해 지역 격차가 지방자치단체의 재정에 그대로 반영되는 것이다.

그림 29 시도별 재정 자립도

(단위: %)

86.43　62.17　58.73　68.12　56.13　58.44　69.78　68.71　70.88　31.26　41.41　41.25　30.89　31.0　36.19　47.33　45.15

서울　부산　대구　인천　광주　대전　울산　세종　경기　강원　충북　충남　전북　전남　경북　경남　제주

예를 들어 서울시 강남구는 고소득층이 많이 살고 있고 그로 인한 세입이 굉장히 높은 편이라서 자체 세입으로 운영이 가능한 대표적인 곳이다. 2016년을 결산해보니, 서울 강남구는 약 6,143억 원을 자체 수입으로 충당해서 재정 자립도가 72.93%인 반면 전남 구례군은 자체 수입이 277억 원에 그쳐 재정 자립도가 10.67%에 불과했다.[53] 강남구청장이 강남구를 강남특별자치구로 지정하자고 주장하는 자신감도 바로 여기서 나온다.

지방자치단체들의 격차를 줄이고자 중앙에서는 인구 등 지역의 몇 가지 숫자를 계산해서 지방교부세를 나눠준다. 도움이 필요할수록 더 많은 돈을 주는 것이다. 이처럼 잘사는 지역과 못사는 지역의 편차가 큰데 "진정한 지방자치를 실현하겠다"며 단순히 자체 수입의 비중을 늘린다면 어떻게 될까? 강남구청장에게는 바라던 바일 수도 있지만 구례군수에게는 죽으라는 소리나 다름없겠다.

그러므로 우리는 지방자치를 볼 때 '평균'의 함정에 빠지는 것을 경계해야 한다. 또 같은 제도라도 누구에게 이득이고 누구에게 손해인지를 보아야 한다. 평균적으로야 재정 자립도 50%를 웃돌지만, 속사정은 제각각이다. 1장에서 얘기한 것처럼 숫자 뒤에 숨겨진 내용을 볼 때 진짜 정치가 시작된다.

막 나가는 지방자치단체

우리나라 지방자치 구조를 '극강極強 시장'과 '극약極弱 의회'라고들 말한다. 지금 구조상으로는 지역 안에서 지방자치단체장을 막을 수 있는 사람이 아무도 없기 때문이다. 단체장의 권한은 그야말로 제왕적이다. "○○산업단지 건설하겠다!", "무상 급식 실천하겠다!"와 같은 도시계획, 주민 복지 공약이 지방의회 선거가 아닌 시장 선거에서 등장하는 것도 자치단체장이 전 분야에 걸쳐 막대한 권한을 가지고 있기 때문이다.

지방자치단체장의 권한은 엄청난 인사권에서 나온다. 현재 단체장은 약 500~2,000명의 인사권을 갖고 있다. 심지어 지방의회에서 일하는 공직자도 단체장이 임명한다. 게다가 자치단체장은 연임할 수 있다. 만약 3선 시장이라면 12년 동안 수백 수천 명의 직장생활을 쥐락펴락할 수 있으니 어느 공무원이 지방자치단체장에게 충성하지 않을 수 있겠는가.

한편 국민의 대표로서 대통령과 행정부를 견제하는 국회처럼 주민의 대표로서 지방의 행정부, 단체장을 견제해야 할 지방의회는 힘이 없다. 단체장이 인사권을 행사할 때 의회의 장은 협의할 뿐이다. 실질적인 권력이 의회에는 주어지지 않았다. 또 정부 업무를 평가할 때도 지방자치단체의 평가를 지방자치단체의 장이 스스로 한다.

지금 지방의회는 단체장 견제는커녕 의원 본연의 임무를 수행하기조차 쉽지 않은 상황이다. 이는 지방의원들의 역할이 많은 데 비해 이를 충실히 실행할 수 있는 여건과 제도적 장치가 부족하기 때문이다. 27년간 서울시와 교육청 예산은 7배가 넘게 증가했지만 이를 견제하고 감시해야 하는 시의회는 27년 전의 제도와 별 차이가 없다. 국회의원에게 자문을 얻을 보좌관들이 있는 것과 달리, 지방의원에게는 정책보좌관이 없다. 이에 지방의회의 역량을 강화하기 위한 정책보좌관제를 도입하자는 주장도 있다.

그렇다고 지방의회 의원들이 제도의 선량한 희생자이기만 한 것도 아니다. 지방의회 내부에서도 부패라는 아주 큰 문제가 존재하고 있다. 권한이 약해서 견제를 못 하는 의원도 있지만 애초에 견제할 의지가 없는 의원들도 많은 것이다.

지방의원직을 출세의 길로만 여기고 자치단체장에게 적극 협조하며 이권을 챙기는 경우도 많다. 지역개발을 명분으로 본인 소유의 토지 근처를 개발하면서 특정 업체에 수주하는 대신 업체로부터 뒷돈을 받고 땅값도 올리는 것이다. 의장에게 주어지는 활동비와 권한을 얻기 위해 구의회 의장 선거에서 금품을 주면서 합의서를 작성하는 짜고 치는 고스톱 같은 비리들은 말할 것도 없다.

이런 마음가짐으로도 의원 당선에 문제가 없다는 건 더 큰 문제다. 지방의원 후보들은 대통령 선거 후보들처럼 유명하지 않으니 많은 주민이 소속 정당을 보고 투표를 한다. 따라서 지방의원 후보들은 당선되려면 자신의 이력을 잘 쌓고 포장하는 것보다, 소속 정당의 공천을 받는 것이 훨씬 중요한 형편이다. 더 정확히 말하면 지방의원이 되고 싶다면 우선 같은 정당에 속한 지역구 국회의원의 지지를 얻어 중앙정당에 공천 후보로 추천받아야 한다. 유권자들이 잘 모르는 후보라도 소속 정당만 보고도 대략 가치관을 알 수 있는 것은 장점이지만, 지역에 전혀 관심이 없는 후보도 얼마든지 당선될 수 있는 구조다.

그래서 한 기초단체장 예비후보는 "일단 정당 공천을 받아야 하고, 그러기 위해서는 특별당비 명목으로 공천 헌금을 하는 게 유리하며 당선만 되면 본전을 뽑고도 남는다는 인식이 후보들 사이에 퍼져 있다"고 말하기도 했다.[54]

본전을 뽑는다는 의미는 당연히 정상적인 의원직 수행은 아닐 것이다. 지방의회에서 비리를 저질러 금전적인 이익을 챙길 것을 기대하고서 정당에 각종 기부를 하고 국회의원을 도와온 사람이 뽑힌 다음에 단체장을 견제하는 데 관심이 있을 리가 없다.

견제와 균형 없이 부패하지 않는 정치인은 없다. 지방자치단체가 주민들의 신뢰를 얻으려면 지역에 도움이 되려는 의원이 활약할 수 있도록 조금 더 많은 힘을 주어야 한다. 이와 동시에 도움이 되지 않는 후보들을 주인들이 미리 알아보거나 또 혹시 잘못한 대리인이 있다면 해고하기가 더욱 쉬워져야 한다.

> 국민이 통제하지 않으면 어떤 정부도 계속 좋은 일을 할 수 없다.
> – 토마스 제퍼슨

이렇게 공은 다시 대리인을 거쳐 주인들에게 돌아왔다.

주민이 주인 노릇 할 수 있는 3가지 방법

> 지방자치 제도란 지역 주민이나 주민의 대표로 구성된 기관이 그 지역의 사무를 자율적으로 처리하는 제도다. 지방자치는 중앙정부가 모든 것을 결정하는 것이 아니라 지방자체단체가 자기 지역의 문제를 스스로 처리하는 제도이므로 국가 권력이 중앙정부에 집중되는 것을 막는다.
> 또한 지방자치 제도는 주민이 정치에 참여할 기회를 확대하고 자신이 지역의 주민임을 체험할 수 있도록 한다. 이러한 면에서 지방자치 제도는 '민주주의의 학교'라고 불리며, 지역의 문제를 주민이 스스로 해결한다는 점에서 '풀뿌리 민주주의'라고 불리기도 한다.[55]

중학교 사회 교과서에 실린 지방자치 제도 설명이다. 지방자치 제도의 가장 큰 장점으로 2가지를 꼽고 있는데, 첫째는 정치 권력이 중앙정부에 집중되는 것을 막는 것이고, 둘째는 정치에 더 밀접하게 참여할 기회를 많이 제공하는 것이다.

정치 권력이 분산되는 게 지방자치의 장점이라니, 추상적이어서 직관적으로 마음에 와닿진 않지만 일단 옳은 말 같기는 하다. 그런데 지방자치를 통해 정치에 참여할 기회가 많아진다니 조금 놀랍다. 지방선거 말고는 참여할 방법을 모르는데 말이다.

그런데 생각보다 꽤 여러 가지 방법이 있다. 현실적으로 나 먹고 사는 데 관심 가지기도 벅찬 시대에, 대통령 선거도 아니고 동네의 세세한 일까지 신경 쓸 시간과 돈과 마음의 여유가 없어 잘 몰랐던 것뿐이다. 앞으로 기술의 발전을 통해서든 제도의 개선을 통해서든 여러 가지로 주민자치의 문턱이 낮아져야 할 것이다.

하지만 우선은 지금 있는 주민 참여 방법이나마 소개하려 한다. 앞서 지적한 중앙정당과 지역 국회의원에게 돈을 헌납하고 당선된 뒤 더 큰 비리로 본전을 뽑고, 본전을 뽑을 것을 기대해서 또다시 떳떳하지 못한 돈을 공천 헌금으로 바치는 악순환을 끊을 궁극의 무기는 바로 주민의 관심이다.

훨씬 많은 방법이 있지만 여기서는 대리인들이 일하는 게 답답할 때 주민이 직접 주인 노릇 할 수 있는 3가지 방법인 주민소환, 주민조례청구, 주민참여예산 제도를 살펴보고자 한다.

주민소환

주민소환은 간단히 말해 지방자치단체에서의 '탄핵'이라고 할 수 있다. 대리인들이 일하는 게 크게 잘못되었거나 도리어 주민들에게 해가 될 때 사용할 수 있는 가장 극단적인 수단이다. 해당 지역에 사는 주민들을 대상으로 서명을 받아 청구할 수 있는데, 받아야 하는 서명의 개수는 '주민소환에 관한 법률'에 따르면 이렇다.

① 특별시장·광역시장·도지사(이하 "시·도지사"라 한다): 당해 지방자치단체의 주민소환투표 청구권자 총수의 100분의 10 이상

② 시장·군수·자치구의 구청장: 당해 지방자치단체의 주민소환투표 청구권자 총수의 100분의 15 이상

표 7 주민소환투표 사례[56]

구분	지역	소환 대상	투표일	추진 사유	투표율(%)	투표 결과
투표 실시 (8건)	전남 구례	군수	2013년 12월 4일	법정구속으로 인한 군정 공백 유발	8.3	소환 무산
	강원 삼척	시장	2012년 10월 31일	원자력발전소 건립 강행 등	25.9	소환 무산
	경기 과천	시장	2011년 11월 16일	보금자리지구 지정 수용 등	17.8	소환 무산
	제주특별 자치도	도지사	2009년 8월 26일	제주해군기지 건설 관련 주민의견 수렴 부족 등	11.0	소환 무산
	경기 하남	시장	2007년 12월 12일	화장장 건립 추진 관련 갈등	31.1	소환 무산
		시의원			23.8	소환 무산
		시의원			37.6	소환
		시의원			37.6	소환

③ 지역선거구 시·도의회의원(이하 "지역구 시·도의원"이라 한다) 및 지역선 거구 자치구·시·군의회의원(이하 "지역구 자치구·시·군의원"이라 한다): 당 해 지방의회의원의 선거구 안의 주민소환투표 청구권자 총수의 100분 의 20 이상

이 10%, 15%, 20%라는 숫자가 얼마 되지 않는 것 같지만 수만, 수십 만에 이른다. 이런 인원에게 서명을 받기란 쉽지 않다.

게다가 서명운동을 할 때도 여러 가지 법적 제약이 많아 2006년 부터 주민소환이라는 제도가 생겼음에도 2017년 7월 31일 기준 총 84건의 발의 중 실제로 양식에 맞게 충분한 서명을 받아 투표가 이 뤄진 것은 8건뿐이었다. 하지만 그나마도 투표율이 3분의 1이 넘어야

개표를 하기에, 개표까지 이어진 경우는 10년이 넘는 기간 동안 단
두 번뿐이었다.

그래서 서명운동에 관한 규제들을 줄이고 개표 요건을 완화하자
는 법률 개정안이 발의되기도 했다.[57] 지나치게 신중한 절차가 오히려
주민의 권리를 사실상 막고 있다는 것이다.

한편 기준을 완화하는 것에 부정적인 사람들은 특정 정치 세력
이나 이익집단이 선거로 뽑힌 대리인들의 정당성을 쉽게 뒤엎는 것을
우려한다. 당신의 생각은 어떤가?

주민조례청구

의성군 한옥마을 지원 조례, 목포시 해양환경 보전에 관한 조례, 부
안군 농기계 임대사업 운영 조례, 음성군 농촌 총각 국제결혼 지원에
관한 조례….

이 모든 것은 지역에서 자체적으로 만든 '작은 정책'들이다. 자치
단체장이나 지방의원들이 발의하면 지방의회에서 의원들이 투표를
통해 통과시킬지 결정한다.

한편 체벌 금지, 야간자율학습·보충수업 강제 금지, 두발·복장
자유, 양심·종교의 자유, 학교 안팎 집회 개최와 참여 허용 등의 내
용이 담겨 있는[58] 서울시 학생 인권 조례는 자치단체장이나 지방의원
들이 발의하지 않았다. 주민들이 직접 쓴 주민발의안을 제출했고, 교
육청이 제출한 조례안을 보완하여 2011년 통과되었다.

서울 학생 인권 조례[59]

제5조(차별받지 않을 권리) ① 학생은 성별, 종교, 나이, 사회적 신분, 출신 지역, 출신 국가, 출신 민족, 언어, 장애, 용모 등 신체조건, 임신 또는 출산, 가족 형태 또는 가족 상황, 인종, 경제적 지위, 피부색, 사상 또는 정치적 의견, 성적 지향, 성별 정체성, 병력, 징계, 성적 등을 이유로 차별받지 않을 권리를 가진다.

제6조(폭력으로부터 자유로울 권리) ① 학생은 체벌, 따돌림, 집단 괴롭힘, 성폭력 등 모든 물리적 및 언어적 폭력으로부터 자유로울 권리를 가진다.

제9조(정규교육과정 이외의 교육활동의 자유) ③ 학교의 장 및 교직원은 학생 의사에 반하여 학생에게 자율학습, 방과 후 학교 등을 강제해서는 아니 되며, 정규교육과정 이외의 교육 활동에 참여하지 않았다는 이유로 불이익을 주어서는 아니 된다.

이처럼 주민들이 필요하다고 생각하는 조례를 직접 작성해서 지방의회에 올릴 수 있게 한 제도를 주민조례 제정·개폐 청구라 한다. 비공식적으로는 '주민발의'라고도 부른다.

주민소환과 비슷하게 주민 서명을 받아 조례안과 함께 제출하면 된다. 물론 이때 필요한 서명의 개수는 주민소환보다는 적다. 인구 50만 명 이상이면 100분의 1~70분의 1 사이, 그 외에는 50분의 1~20분의 1 사이에서 자치단체마다 그 수를 제각각 정해놓았다.

주민발의로 조례안이 청구된 횟수는 2007년부터 10년 동안 73건이다. 이중 상당수가 학교 급식에 관한 '친환경 무상 급식' 등의 내용이다. 앞으로는 행정안전부가 온라인으로 서명을 모으고 조례를 청구할 수 있는 사이트를 개설하겠다고 한다. 따라서 청구 제도를 활용하는 것이 더욱 쉬워질 예정이다.

당신이 평소 생각하고 있던 것을 많은 사람의 힘을 모아 조례로 만들어보는 것은 어떨까?

주민참여예산

주민소환과 주민조례청구는 모두 중앙정부의 탄핵과 국민청원과 닮은 것이다. 그런데 지방자치단체에서는 중앙정부와 다른 것이 한 가지 더 있다. 바로 주민참여예산 제도다. 지방자치단체의 예산 중 일부분을 어떻게 사용할지를 주민이 직접 결정하는 것이다.

중앙정부의 예산은 워낙 액수가 크고 복잡하다 보니 공무원, 그중에서도 특히 기획재정부에게 대부분 맡겨져 있고, 몇 가지 중요한 정책에 대해서만 국회에서 합의를 이룬다. 이와 비교하면 주민참여예산은 돈 쓸 곳을 정하는 과정부터 주인들의 직접적인 참여를 보장하는 독특한 제도다.

이 제도는 앞의 2가지와는 다르게 모든 지역에서 보장된 것은 아니다. 2011년 3월 지방재정법을 개정해 지방자치단체가 참여예산제를 의무적으로 시행하도록 했지만, 제대로 시행되고 있는 곳은 서울특별시와 인천광역시 그리고 230개 중 약 20여 개 기초자치단체에 그친다. 나머지 지방자치단체에서는 시늉만 내거나 단체장이 하고 싶은 사업에 '주민들이 원한다'는 정당성을 부여하는 수단으로 전락

했다.[60]

한편 주민참여예산 제도를 활발하게 운영 중인 지방에서는 이를 통해 실속 있는 사업들이 등장하고 있다. 주민참여예산 제도를 최초로 도입한 광주 북구에서는 약 3억 원을 들여 공용 주차장을 짓기도 했고, 서울특별시에서는 2018년 시민참여예산 사업으로 안심할 수 있는 귀갓길을 위한 사업들이나 도서관 환경을 개선하는 사업, 진로나 직업 교육을 위한 사업 등이 선정되었다.

당신의 지역에서는 주민참여예산이 잘 이뤄지고 있는가? 가장 가까운 일상에서부터 주인의 권리를 하나씩 찾아보자.

4장에서는 앞으로 활약할 날이 창창한 지방자치 제도가 실제로 쓸모 있는 제도가 되기 위해 해결해야 할 3가지 과제를 살펴보았다. 중앙과 지방 사이에 권한과 예산을 잘 배분해서 확실한 책임을 묻고 지방자치 안에서도 단체장과 의회가 충분히 견제할 수 있게 해야 한다는 것이 핵심이다.

그런데 사실 이런 과제들은 어떻게 보면 별거 아니다. 얼마든지 제도를 고쳐서 할 수 있는 일이고 느리긴 해도 꾸준히 문제가 제기되고 고쳐지고 있기 때문이다.

하지만 제아무리 제도를 잘 만들어봤자, 이를 실행하는 정치인들이 제대로 대리인 노릇 할 의지가 없다면 소용이 없다. 그리고 정치인들을 정신 차리게 할 수 있는 것은 똑 부러지는 주인들, 이 책을 읽고 있는 당신뿐이다.

지역의 교육 대통령, 교육감

이제 지방선거에서 뽑는 사람들, 지방자치단체의 장, 지방의원들에 대한 이해가 조금은 되었을 것이다.

그런데 지방선거에서 우리가 뽑는 사람이 한 명 더 있다. 투표용지에 이름만 적혀 있고 정당 표시도 되어 있지 않다. 이 사람들은 바로 교육감 후보들이다. 지방선거 때 교육감을 뽑는 걸 보니 교육도 지방자치의 일환인 것 같은데, 과연 교육과 지방자치가 어떤 관련이 있을까?

우리나라는 그동안 존재했던 허울뿐인 교육자치를 1991년에 지방교육자치에 관한 법률을 제정함으로써 제대로 시행하기 시작했다. 우리 지역의 교육을 책임지는 사람을 우리 손으로 뽑음으로써 지역에 알맞은 자율적인 교육을 펼칠 수 있다는 이유에서였다. 이 '우리 지역의 교육을 책임지는 사람'이 바로 교육감이다. 우리나라 전체 행정을 대표하는 사람이 대통령이듯, 우리 지역의 교육에 관해서는 대통령과 같이 엄청난 권한을 갖는 사람이 바로 교육감이다.

지방교육자치에 관한 법률에 의하면, 교육감에게는 조례, 예산, 결산은 물론이고 학생 통학 구역까지 관리하는 엄청난 권한이 주어져 있다. 교육감은 시장이나 도지사로부터 분리·독립되어 교육에 관한 최종 권한과 책임을 지는 명실상부한 독립적인 집행 기관이다.

경기도에서는 야간자율학습을 없애고 이를 위한 석식 제도도 폐지했지만, 강원도에서는 여전히 야간자율학습을 하고 학교에서 저녁을 먹을 수 있는 이유는 교육감의 재량에 따라 지역마다 다른 교육 제도를 택할 수 있기 때문이다.

그런데 왜 교육만 따로 자치장을 뽑을까? 교육의 영역은 특별하기 때문이다. 도지사와 시장, 군수 등이 현재의 문제를 해결하는 사람들이라면, 교육감은 미래를 설계하는 사람이다.

미래를 책임지는 교육의 영역이 현재의 여러 가지 문제에 묶여서 원활하게 이루어지지 않는다면 큰일이기 때문에, 우리는 교육의 영역을 행정과 중앙으로부터 자유로운 자치에 맡기게 되었다. 더 나아가 내 아들딸, 내 형제자매가 받을 교육의 내용과 방향성을 유권자들이 직접 선택한다는 의미도 있다. 정기적인 선거가 가져오는 평가와 책임의 기능도 중요하다.

물론 교육자치, 교육감 직접선거에 반대하는 사람들도 있다. 이들은 교육은 ① 중앙정부가 ② 국내 최고 전문가에게 맡겨서 ③ 정치적으로 중립적인 내용으로 해야 한다고 말한다.

지방에 맡기면 효율성과 전문성이 떨어지고, 직접선거가 이뤄지면 교육감들이 자신의 정치색을 어린 학생들에게 은연중에 주입할 것이라는 우려 섞인 주장이다.

당신은 어떻게 생각하는가?

이 논의는 2014년 지방선거까지 한창 뜨거웠는데 2018년 지방선거를 앞둔 현재에는 교육감 직선제를 폐지하자는 주장이 잘 보이지 않는다. 2016년 역사 교과서 국정화 논란과 뒤이은 큰 시위들을 목격하였기 때문이 아닐까 조심스럽게 추측해본다.

점점 더 많은 사람이 교육에 절대적으로 옳은 시각이 있다고 생각하기보다는 다양한 시각과 선택의 자유를 중요하게 여기는 것으로 보인다. 한편 교육 선택의 자유를 존중하는 가운데에서도 반대하는 사람들의 목소리를 반영하여 꾸준한 개선이 필요할 것이다.

심화 중앙과 지방의 줄다리기, 청년수당 논란

당신은 어느 지역에 거주하는가? 혹시 서울특별시의 '청년수당'에 대해 알고 있는가?

꽤 뜨거운 이슈였기 때문에 서울시민이 아니더라도 한 번쯤 들어본 적이 있을 것이다. 2015년 11월, 박원순 서울시장은 청년 활동 지원사업의 하나로 청년수당 지급 계획을 발표하였다. 여기에 정부가 반대하면서 청년수당을 둘러싼 대결이 펼쳐졌다.

내가 낸 세금이 그렇게 쓰이는 건 싫어!

서울시와 정부의 갈등을 본격적으로 살펴보기 전에 짚어야 할 부분이 있다. 서울시가 일정 조건을 만족하는 장기 미취업 청년들에게 최대 6개월 동안 월 50만 원을 지급하여 사회 진출을 돕는다고 하였을 때, 누가 어떤 이유로 반발하였을지 먼저 생각해보자.

우선 자신이 낸 세금을 얼굴도 모르는 몇몇 사람들에게 나누어주는 것이 탐탁지 않았던 일부 서울시민들이 있었다. 어떤 어르신들은 요즘 젊은 사람들은 별로 노력하지 않는다고 생각하시지 않았을까? 또 다른 누군가는 청년들을 도울 더 나은 방법을 떠올려보려고 했을 것이다.

이러한 시민의 의견을 단순하게 종합해보면 '내가 낸 세금이 그렇게 쓰이는 건 싫다'가 아닐까? 우리는 국가와 지역에 세금을 내고 직간접적인 결과를 돌려받는다.

그런데 청년수당의 경우 세금납부자와 수혜자가 일치하지 않는다는 점,

그림 30 │ 서울시 청년 활동 지원사업

복지의 형태·범위·정도에 대한 의견이 너무나도 다양하다는 점에서 불만을 일으켰다. 청년수당을 두고 벌어진 논쟁은 이렇듯 서울시 내부에도 존재하고 있었다.

중앙정부의 말을 따르라!

이번에는 서울시 바깥으로 고개를 돌려보자. 서울시의 청년수당 지급 계획 발표 이후, 보건복지부와 서울시는 계속 마찰을 빚었다. 협의를 요청하기도 했고, 부동의 의견을 통보하기도 하였다.

결국 2016년 6월에 서울시가 보건복지부의 의견을 받아들여 수정안을 제시하였다. 여기서 마무리되었다면 청년수당이 이렇게 유명해지지는 않았을 것이다. 보건복지부의 입장 변화로 청년수당 문제는 다시 시작점에 놓이고 말았다.

여기서 물러설 서울시가 아니었다. 서울시는 청년 활동 지원사업을 강행했다. 청년수당 지급 대상자 3,000명을 확정하여 활동비를 지급한 것이다. 이에 보건복지부는 청년 활동 지원사업을 직권 취소해버림으로써 역시 강력하게 대응하였다.

도대체 보건복지부는 왜 청년수당을 막으려고 했을까? 그리고 서울시의 사업 추진과 정부의 중단 조치는 어떻게 가능했을까?

우리는 정답을 이미 알고 있다.

서울시 내부 갈등에 이어 지방자치단체와 중앙정부 간의 충돌이 일어난 것이다. 보건복지부는 "근로 능력이 있는 청년에게 무분별하게 현금을 지급하는 것은 청년의 도덕적 해이를 초래, 어려운 여건에서도 노력하는 성실한 청년들의 꿈과 의욕을 좌절시킬 수 있다"[61]며 청년수당에 반대했다. 지방자치법 제169조에 따르면, 지방자치단체장의 처분이 법령에 위반되거나 공익을 해친다고 인정되면 주무부 장관이 시정을 명할 수 있다. 시정되지 않은 행정처분은 취소 및 정지의 대상이 된다.[62] 하지만 박원순 서울시장은 "청년수당은 시혜성의 복지 수당이 아니"라며 복지부와 협의할 필요가 없다고 밝혔다.[63]

이러한 갈등에서 서울시의 무기는 '지방자치권'이다. 하지만 앞서 알아보았듯 중앙정부는 지방자치단체와의 관계에서 우위를 점하고 있고 보건복지부는 그 일부다. 사회보장기본법에 따르면, 지방자치단체는 사회보장 제도를 신설하거나 변경할 때 복지부와 협의를 해야 한다. 그러지 않고 사업을 추진할 경우 지방교부세(중앙정부가 지방자치단체에 지급하는 재정 지원)가 삭감된다.[64]

이에 더해 지방자치의 측면에서 또 다른 우려의 목소리가 나오기도 했다. 지방자치단체의 재정 상황에 따라 지역 차별 갈등의 원인이 될 수도 있다는 지적이었다.[65] 지방자치단체는 국가 속 작은 국가의 형태를 띠는 동시에 중앙정부의 틀 안에 존재한다. 따라서 중앙정부는 물론 다른 지방자치단체와의 잡음 역시 발생할 수 있다.

계속된 논의 끝에 2017년 4월 드디어 청년수당 정책이 '진짜로' 시작되었다. 서울시가 발표한 수정동의안은 보건복지부 요구 사항을 반영하고 있었다. 청년 문제가 사회적으로 떠오르고, 고용노동부와 다른 지방자치단체들이 서울시 청년수당과 유사한 정책을 도입하면서 복지부 입장에도 변화가 생긴 것으로 보인다.[66]

흥미로운 점은 2017년 초까지의 여당과 박원순 서울시장의 소속당이 달랐다는 사실이다. 각 정당이 서로 다른 가치를 지향하고 있음을 드러내는 부분이 아닐까 싶다.

전효관 서울혁신기획관은 "청년수당은 50만 원 지원금을 넘어 사회가 빼앗은 시간을 청년들에게 되돌려준다는 의미이기도 하다"며 사회적 합의의 발판이 되기를 바란다고 밝혔다.[67] 합의의 배경이 되는 현실 정치의 여러 차원을 청년수당 정책을 통해 확인했기를 바란다.

더 생각해볼 이야기

지금까지 우리의 이야기를 읽어주어 감사하다는 말을 전한다. 하지만 고백할 게 하나 있다. 이제 와서 하는 말이지만, 그동안 우리는 몇 가지 숨겨진 전제를 가지고 이야기해왔다. 그와 다른 전제는 없는지 한번 살펴본다면 훨씬 더 다양한 정치의 미래를 그릴 수 있을 것이다. 여기에서 '정치적 상상력'을 마음껏 발휘해보기를 바란다.

민주주의의 발생과 당위성

우리는 지금까지 '정치'를 이루는 조각들을 하나하나 살펴보았다. 여러 가지 정치가 있을 수 있지만 우리는 그중에서도 민주주의에 관해 이야기했다. 처음으로 돌아가 보자.

이 책의 시작을 기억하는가? 그렇다. 세금을 내는 주인들이 등장했다. 그런데 정말로 세금이 정치의 출발이었을까? 주인들은 오직 '돈을 낸다'는 이유만으로 주인이 되었을까?

'주인'이 된다는 것은 국가의 주권을 가지고 직접 지배한다는 뜻이다. 국가에 돈을 낸 국민이 이해 당사자로서 국가의 주권을 갖는 게 어찌 보면 당연하다. 하지만 돈을 냈다고 해서 국민이 반드시 국가의 주인이 된다는 법은 없었다.

근대의 정치 철학자였던 홉스는 세금을 내는 국민과 국가를 지배하는 사람을 분리해 생각했다. 홉스는 국민이 생명을 보호받는 대가로 절대군주 '리바이어던'에게 세금을 내야 한다고 보았다.[68] 실제로 당시 유럽의 절대왕정 아래에서 국민은 지배자들에게 많은 세금을 냈다. 그렇지만 그 국민이 국가의 주인은 아니었다.

그렇다면 무엇이 국민으로 하여금 국가의 주인이 될 수 있도록 하였을까? 국민이 주인인 민주주의의 기본 조건으로 흔히 '자유롭고 평등한 개인'을 꼽곤 한다.

누군가가 귀한 혈통이라 하더라도, 혹은 힘이 세더라도 민주주의에서는 모두가 자신의 행동을 스스로 결정할 자유를 가지는 평등한 인간이다. 따라서 이렇게 자유롭고 평등한 개인들이 모인 국가의 미래를 결정하는 사람들 역시 그 국가에 속한 개인들이어야 한다. 그래야 모두가 주인으로서 자신에게 적용될 법을 만들고 지킬 수 있다. 이러한 개인들의 자유와 평등은 세금과는 상관없이 태어날 때부터 갖는 '천부인권'이라 불린다. 천부인권설을 주장한 대표적인 정치철학자 루소는 자유와 평등은 누구에게도 양도할 수 없는 권리라고 보았다.[69]

분명히 지금과 같은 형태의 정치와 민주주의가 정착하는 데는 세금의 역할이 컸다. 하지만 세금을 내기 전의 사람들이 인간 그 자체로 평등하지 않았다고 말하기는 힘들다. 다르게 표현하자면 본래 주인 자격을 갖추고 있었던 평등한 사람들이 세금을 내서 또다시 평등하게 '정치'의 주인이 되었다고 할 수 있겠다.

이러한 이야기는 왜 민주주의가 옳은 선택일 수밖에 없는지에 대한 답을 준다. 단지 돈으로만 정치가 시작된 것 같아 마음이 불편했을 분들께 이 글을 바친다.

내 이익을 추구하는 전쟁 vs 공공선을 찾는 과정

유토피아, 즉 모두가 행복한 사회가 가능하다고 생각하는가?

그렇지 않다면 당신은 자신의 이익을 위해서는 타인의 불이익이 불가피하다고 믿는 사람이다. 당신이 집에 있는 과자를 다 먹는다면 나머지 가족들이 과자를 먹지 못하는 것처럼 말이다. 적어도 그러한 세상에서는 구성원 모두를 만족시키는 정치가 존재할 수 없다. 주인들과 대리인들은 모두 치열하게 자신의 이익을 추구할 뿐이다.

하지만 어떤 사람들은 모두를 만족시키는 공공선을 찾을 수 있다고 믿는다. 이들이 보기에 정치의 목적은 특정 이익의 관철이 아니라 모두에게 좀 더 나은 세상을 안겨주는 데 있다. 개개인의 존엄성을 존중하고 인간다운 삶을 영위하는 것도 공공선으로 볼 수 있다. 물론 더 좋은 세상이 어떤 모습인지에 대해 다양한 의견이 있으므로 공공선이 무엇인지 합의를 해내야 한다. 환경보호를 예로 들 수 있다. 바다에 쓰레기를 버리는 행위를 막으면 모든 사회 구성원이 미래에도 싱싱한 생선회를 즐길 수 있을 것이다.

그러나 먼저 소개된 사람들, 사익의 추구가 정치의 핵심이라 믿는 사람들은 그러한 '일반적' 가치 역시 특정 이익을 추구한 결과라고 주장한다. 효용의 총량을 중시하는 집단이 있다고 하자. 그들이 바다에 쓰레기를 버리면 안 된다고 말하는 이유는 명쾌하다. 오염되지 않은 바다에서 얻는 효용이 바다에 쓰레기를 버리면서 얻는 효용보다 크기 때문이다.

이렇듯 민주주의의 핵심이 사익과 공공선 중 어느 것인지는 분명하지 않다. 보편적인 공공선이 존재하는지의 여부 역시 결코 간단히 답할 수 있는 문제가 아니다. 현실은 더욱 복잡하다. 타인의 손해가 반드시 내 이익이 되는 것도 아니며 모두를 행복하게 만들 '공공선'이 쉽게 눈에 띄는 것도 아니다.

현재 정치 과정에서는 특정한 유형의 주인과 대리인이 힘을 과점한다. 그런데 소외되는 주인들이 생기지 않도록 공공선을 추구하는 것이 가능할까? 공공선을 외치는 사람들은 공공선이 사익과 모순되지 않는다고 이야기한다.

하지만 과연 모두에게 좋은 세상이 존재할 수 있을지, 공공선 역시 각자의 이익 추구를 가리키는 또 다른 이름은 아닐지 고민해볼 필요가 있다. 결국 우리 스스로 조심하는 수밖에 없다. 과도한 사익 추구로 공동체를 망치고 있지는 않은지, 혹은 공공선이라는 이름 뒤에 숨어 많은 이에게 상처를 주고 있지는 않은지 말이다.

꼭 대리인이 있어야 하나

당신은 주인과 대리인의 관계로 해석해본 정치를 어떻게 받아들였는가? 지금까지 우리는 정치 영역에서 수많은 일을 대신 처리해주는 '대리인'들의 존재를 전제하고 이야기를 풀어보았다.

그런데 민주주의에서 대리인이 꼭 필요할까? 대리인들이 주인들의 뜻을 제대로 전달하지 못하는 대의민주주의의 한계가 지속되면서 직접민주주의가 힘을 얻고 있다. 차라리 주인인 우리가 직접 정치에 참여하고 의견을 펼치자는 것이다.

직접민주주의는 대리인을 거치지 않고 국민이 직접 투표를 통해 국가의 여러 사안을 결정하는 방법이다. 과거 아테네의 민회와 현재 스위스의 일부 주에서 찾아볼 수 있다. 이렇듯 대리인이 없는 민주주의도 아예 불가능해 보이지는 않는다. 나라의 주권이 국민에 있고 주인인 국민을 위한 정치가 이루어지는 체제가 바로 민주주의임을 고려할 때, 오히려 주인이 직접 정치에 참여하여 중요한 결정을 내리는 편이 민주주의의 원래 취지에 더 부합하는 듯하다. 모든 주인이 의견을 개진하는 것은 민주주의의 이상이기도 하다.

그러나 현실은 생각보다 냉혹하다. 날로 복잡해지는 현대 사회에서 과연 주인들이 충분한 정보를 바탕으로 직접 정치에 참여할 수 있을지에 대해서 여전히 의문이 제기된다. 또한 회의와 심의에 참여하는 사람이 많아질수록 민주주의에서 가장 중요한 요소 중 하나인 토론과 설득의 과정은 실현되기 어려워진다. 직접민주주의의 현실성을 차치하고도 주인들의 직접적인 의사결정이 합리성을 담보하지 못한다는 점이 문제가 된다.

사실 과거 아테네의 정치 공동체도 노예 제도를 기반으로 하여 자유민들의 노동 부담이 적은 상황이었기 때문에 직접민주주의를 실현할 수 있었다. 스위스의 일부 주 역시 인구가 많지 않아 직접민주주의가 가능하다는 학자들의 지적이 있다.

즉 직접·대의민주주의 논쟁은 이상과 현실의 충돌이라고 볼 수 있다. 우리는 더 현실적인 관점에서 대리인에 의한 민주주의 정치를 이야기해보았다. 하지만 주인의 의견을 잘 반영할 수 있는 제도를 찾는 과정에서 이 논쟁은 앞으로도 계속될 것이다.

정치 진단서를 쓰는 또 하나의 방법

우리는 앞에서 제도를 중심으로 우리나라 정치를 살펴보았다. 그러나 정치는 제도라는 단 한 가지 측면에서 쾌도난마할 수 있는 단순한 문제가 아니다.

"우리나라 대통령제를 바꾸면 문제가 해결될 거야!"와 같은 접근 방식은 순진해 보이기까지 한다. 대통령제가 어디에서나 말썽을 일으키지는 않을뿐더러 의원내각제를 도입한다고 해서 기존 문제들이 해결되리라는 보장은 없으니 말이다.

정치에는 많은 요소가 얽혀 있다. 정치에 참여하는 행위자, 그들이 만들어내는 거대한 문화, 우리나라가 걸어온 역사, 그동안 축적된 정치 관행 등 어느 하나 따로 떼어내기도 어렵다. 그만큼 정치에 대한 진단도, 처방도 다양할 수밖에 없다. 우리는 그중 '제도'를 중심으로 정치를 진단해보았다. 이는 눈으로 직접 볼 수 있으며 자주 접하는 접근 방식이다. 고등학교에서 정치 과목을 배울 때 다양한 제도를 다루는 이유 역시 비슷할 것이다.

그런데 어떤 사람들은 전반적인 정치 행태와 문화에 집중한다. 좋은 제도를 마련하는 것보다 '문화'라는 거대한 그 무언가가 성숙해지는 것이 중요하다는 시각이다. 제도는 구체적인 틀이 법으로 정해져 있고 그 결과가 또렷이 나타난다. 반면 문화는 눈에 보이지도 않고 말로 설명하기도 힘들지만, 우리가 경험하며 사회에 대한 국민의 태도 등으로 미루어 알 수 있다. 인권 감수성을 예로 들 수 있을 것이다. 정치 제도는 국회의원들의 합의만 있다면 어느 날 한순간에 바뀔 수 있다. 그러나 문화는 많은 사람이 오랜 기간에 걸쳐 함께 축적해나가기 때문에 쉽게 바뀌지 않는다.

우리나라는 1987년을 기점으로 형식적인 민주화를 이루었다고 평가받는다. 그런데 제도보다 문화를 중시하는 사람들은 시민들의 정치 문화가 무르익을 때까지 더 기다려야 한다고 본다. 제도적인 민주주의가 자리 잡은 지 30년 남짓밖에 되지 않았으니 말이다.

많은 정치학 논문과 책에서 '성숙한 민주주의의 정착' 혹은 '민주 시민 교육' 같은 이야기를 해결책이자 결론으로 제시한다. 단순히 포도주를 담는 그릇을 바꾼다고 해서 포도주의 맛이 바뀌지 않듯 성숙한 정치 문화를 조성하지 않은 채로 제도를 바꾸는 것은 무용지물이다. 하지만 그렇다고 해서 무작정 포도주의 맛이 깊어지기를 기다릴 수는 없다. 우리가 끊임없이 정치에 대해 고민하고 개선 방향을 찾아야 하는 이유다.

그 어떤 진단서이든 간에 우선 지금 우리 정치의 문제점이 제대로 파악되어야 함을 잊지 말아야 한다.

한동안 대한민국이 원전을 둘러싸고 떠들썩했다. 자원이 부족한 우리나라에서 원전은 대체할 수 없는 시설이라 주장하는 이가 있는가 하면, 다른 누군가는 너무 위험하다며 원전 건설에 반대했다.

만약 원전이 개인의 필기도구 같은 물건이었다면 그토록 고민할 필요가 없었을 것이다. 각자 자신의 취향에 맞게 선택하면 되니 말이다. 하지만 원전은 국민 모두에게 영향을 끼친다. 바로 여기서 문제가 시작된다.

국민 전체와 관련된 중대한 결정을 어떻게 내릴 수 있을까? 방법은 다양하다. 동전을 던질 수도, 대통령의 선택을 따를 수도 있다. 그리고 정부는 수많은 방법 중 공론조사를 통해 원전 문제를 해결하기로 했다. 신고리 5·6호기 공론화위원회는 그러한 노력의 일환이다.

그런데 '공론화'라는 해결책을 두고 한바탕 갑론을박이 일었다. 일각에서는 나라의 주인인 국민이 직접 의사결정에 참여함으로써 국민주권과 참여민주주의를 실현한다며 환영했다.

물론 참여민주주의의 원형에 가장 가까운 국민투표를 하면 모두의 의견을 들을 수 있겠지만, 국민이 정책에 대해 충분한 정보를 제공받아 합리적으로 선택하리라고는 장담할 수 없다. 즉 원전이 우리나라 환경과 경제에 끼칠 영향을 국민이 정확히 알지 못한 채 투표하면 외적으로는 정당할 수 있으나 옳은 결정이라 보기 어렵다는 것이다.

공론화는 그러한 문제를 어느 정도 해결할 수 있다. 무작위로 뽑힌 국민에게 온라인 교육을 제공하고 2박 3일의 합숙 기간에 각계 전문가들로부터 얻은 정보를 활용해 토론을 진행하도록 함으로써 이른바 '숙의'를 통한 의사결정이 가능하게끔 만든다. 이를 자신이 속한 공동체의 공공선을 찾는 과정으로 본 사람들도 공론화위원회를 통한 의사결정에 찬성하고 나섰다.

그러나 대리인을 거치지 않는 의사결정에 반대하는 목소리 또한 만만치 않았다. 정당성과 책임성에 문제가 생긴다는 이유였다.

5,000만 국민의 향후 수십 년이 대통령이나 국회처럼 정당하게 선택받은 대리인이 아니라 무작위로 뽑힌 소수의 국민에 의해 좌지우지된다는 것이다. 그들은 국민의 선택을 받는 사람들이 아니기에 자신의 결정에 아무런 책임을 지지 않아도 된다. 정부가 통계의 베일 뒤에 숨어 책임을 회피한다는 비판을 무시할 수 없다.

이렇듯 공론조사는 현재의 대의제에 꼭 맞지는 않다. 또한 평소에 별 관심이 없던 일반 국민이 단기간에 원전의 다방면적 영향을 잘 고려할 수 있을지 공론화 자체에 의문이 제기되기도 한다.

사회적 갈등을 둘러싼 다양한 의견을 들으려는 노력은 존중받아 마땅하다. 다만 국가의 중요 결정을 내리는 방식에서는 여전히 깊은 고민이 필요해 보인다.

촛불시위

> 대한민국은 민주 공화국이다. 대한민국의 주권은 국민에게 있고 모든 권력은
> 국민으로부터 나온다.

2016년 광화문에서는 수십만의 대한민국 국민이 한데 모인 촛불집회가
열렸다. 대통령 뒤에 숨어 있던 비선실세가 국정에 개입한 사실이 알려지
며 분노한 국민이 거리로 나왔다. 시위에서 국민은 대통령의 퇴진, 진상
조사, 그리고 관련자 처벌을 요구했다.

국민의 대리인인 국회는 대통령 탄핵안을 의결했고 헌법재판소 판결에
따라 대통령은 탄핵되었다. 이는 국가의 주인인 국민의 직접적인 목소리
가 대리인의 해고까지 이른 사례라 할 수 있다.

2016년의 촛불집회와 함께 한국 정치에서 직접민주주의의 부활이 언급
되었다. 무엇보다 국민이 집회를 통해 정치에 관심을 가지고 국가에 적
극적으로 자신의 목소리를 내기 시작했다는 이유 때문이다. 이후 국민이
대리인을 견제하는 차원을 넘어 국민소환, 국민청원, 국민투표처럼 아예
정치 과정에 직접 참여하는 방법들이 논의되었다. 촛불집회 이후 집권한
정부는 국민청원 제도를 적극 활용하기도 했다.

하지만 직접민주주의가 항상 간접민주주의보다 나은 제도인지에 대해서
는 여전히 의문이 제기된다. 국민 모두가 모든 분야에 전문성을 가진 것
은 아니므로 장기적인 관점에서는 국민의 직접 결정이 오히려 국가 전체
에 손해를 가져올 수 있다. 국민이 국가의 일을 광장에 나와 직접 정해야

하는지 아니면 전문가 대리인들에게 맡겨야 하는지, 어떻게 주인의 뜻을 '제대로' 반영할 수 있을지는 앞으로 계속 고민해볼 문제다.

한편 촛불집회는 민주적인 문화가 국민의 일상에 자리 잡도록 기여했다는 평가를 받곤 한다. 촛불집회를 계기로 정치에 대한 관심과 참여가 늘었을 뿐만 아니라 당시 수십만 명이 집회에 참여했음에도 폭력 사태가 일어나지 않았기 때문이다. 그 대신 국민은 구호를 외치고 손뼉을 치며 춤과 노래를 곁들인 시위를 이어나갔다. 단순한 집회에서 벗어나 자유발언 시간을 가지고 토론을 진행하기도 했다.

외신도 주목한 특별한 시위 문화였다. 평화로운 시위는 국민이 서로의 자유를 존중하고 토론을 지향할 때 가능해진다. 그런 점에서 민주적인 문화가 한층 성장했다고 볼 수 있을 것이다.

우리에겐 정치의 언어가
필요하다

이 책의 내용은 모두 이 한마디에 대한 부연 설명입니다.

주인이 돈과 사람을 넣으면 대리인이 법과 예산을 돌려준다.

주인은 세금을 내고 선거에 참여해서 대리인을 세우면, 대리인은 법과 예산으로 이루어진 정책을 통해 주인에게 봉사하는 것이지요. 그리고 이 과정 외에는 저희가 설명드릴 것이 없습니다. 정치의 언어를 한 꺼풀 벗겨내고 나면 사실 알맹이는 너무나 익숙한 삶의 이야기와 누구나 지니고 있는 각자의 가치관뿐이거든요. 그래서 끊임없이 여러분의 의견을 물어볼 수 있었지요. 이미 알고 계셨나요?

『떠날 것인가, 남을 것인가Exit, Voice, and Loyalty』(나무연필, 2016)라는 책에서 허쉬만Albert O. Hirschman이라는 사람은 조직이 쇠퇴할 때 구성원 개개인이 선택할 수 있는 전략으로 3가지를 제시합니다. 떠나거나 Exit, 참고 따르거나Loyalty, 남아서 항의하는Voice 것이지요.

지난 몇 년 우리나라, 우리 세대에서는 '탈조선'과 'N포세대'라는 말들이 차례로 유행해왔습니다. 사회 부조리에 맞닥뜨려 탈출을 선택한 것이지요. 이 선택들은 전적으로 개인의 자유로운 선택으로 존중받아 마땅합니다.

하지만 혹시 항의를 선택하고 남은 분들이 있다면, 내가 원하는 사회와 그 사회를 이룰 방법을 고민하는 여정에서 이 책이 손쉬운 출발점이 되기를 바랍니다. 그리고 앞으로 주인으로서 활약하실 다음 세대의 친구들이 비슷한 선택의 기로에 섰을 때 이 책이 작게나마 도움이 되기를 진심으로 바랍니다.

초반 작업을 함께해준 김종서, 김지훈, 박병찬 님께 고맙다는 인사를 전합니다. 그리고 책이 출판되기까지 많은 도움을 주신 강원택 교수님께 감사드리며, 글을 마치겠습니다.

1장 정치의 시작 왜 필요한가

1 https://commons.wikimedia.org/wiki/File:Harolddwightlasswell.png

2 조시영·정석우, 「'수주절벽' 조선업 살리기 … 정부 11조 규모 선박 발주」, 《매일경제신문》, 2016년 10월 31일. http://news.mk.co.kr/newsRead.php?no=759569&year=2016.

3 「평창 동계 올림픽 개최의 경제적 효과」, 《이슈리포트》, 현대경제연구원, 2011년, 2면.

4 Wilson, James Q., *The Politics of Regulation*, New York: Basic Books, 1980.

2장 정치의 재료 무엇을 넣어야 하는가

5 https://m.blog.naver.com/PostView.nhn?blogId=unius-&logNo=220662031622&proxyReferer=https%3A%2F%2Fwww.google.com%2F

6 김공회, 「법인세 논쟁, '자원배분 왜곡' 바로잡는 차원에서 봐야」, 《한겨레》, 2017년 1월 6일. www.hani.co.kr/arti/economy/economy_general/777730

7 국세청이 국회의원실에 제출한 자료.

8 지영호·심재현·김성휘·이승현, 「[런치 리포트] 당명 정치학」, 《the300》, 2017년

1월 10일. http://the300.mt.co.kr/newsView.html?no=20170110084 47644288

9 황병주, 「한국 정치의 제도화와 보수 양당체제의 성립」, 《황해문화》 85, 새얼문화재단, 2014.

10 중앙선거관리위원회 정치후원금센터. www.give.go.kr

11 중앙선거관리위원회 블로그 〈[인포그래픽] 정치후원금 제대로 알기! 깨끗한 정치문화의 첫걸음〉. http://blog.nec.go.kr

12 이진경, 「오성운동 이끈 그릴로 '최고 승자'」, 《세계일보》, 2013년 2월 27일. www.segye.com/newsView/20130226025011

13 신지후, 「스페인, 신생 포데모스 30년 양당체제 끝내」, 《한국일보》, 2015년 12월 21일. www.hankookilbo.com/v/8947a71165de433ab16429b74a3c2bbe

14 헌법재판소(통합진보당 해산). www.ccourt.go.kr/cckhome/comn/event/eventSearchInfoView.do?searchType=1&viewType=3&changeEventNo=2013헌다1

15 (CCPR/C/KOR/CO/4) Concluding observations on the fourth periodic report of the Republic of Korea, United Nations Human Rights Committee, 2015.

16 https://ko.wikipedia.org/wiki/%EA%B2%8C%EB%A6%AC%EB%A7%A8%EB%8D%94%EB%A7%81

17 https://en.wikipedia.org/wiki/Gerrymandering

18 이상인, 「노무현 "행정수도·청와대 충청 이전"」, 《한겨레》, 2002년 9월 30일. http://legacy.www.hani.co.kr/section−003000000/2002/09/003000000200209300930001.html

19 윤우용, 「수도 이전 위헌' 충북도민, '실망' '충격'」, 《연합뉴스》, 2004년 10월 21일. http://news.naver.com/main/read.nhn?mode=LSD&mid=sec&sid1=100&oid=001&aid=0000797202

20 김광호, 「수도 이전 위헌' 경기지사, "역사적인 날"」, 《연합뉴스》, 2004년 10월 21일. http://news.naver.com/main/read.nhn?mode=LSD&mid=sec&sid1=100&oid=001&aid=0000797233

21 김성호, 「세종시 2012년 7월 1일 출범」, 《충청일보》, 2010년 11월 29일. www.ccdailynews.com/news/articleView.html?idxno=186377

22 「[데이터 정치분석] "민주주의 성숙한 나라 투표율, 날씨 영향 안 받아"」, 《YTN 라디오 곽수종의 뉴스 정면승부》, 2016년 8월 26일. http://radio.ytn.co.kr/

program/index.php?f=2&id=44788&s_mcd=0263&s_hcd=01

23 김경목, 「[20대 총선] 투표율 날씨 영향 글쎄 … 비 온 곳이 더 높아」, 《뉴시스》, 2016년 4월 13일. www.newsis.com/ar_detail/view.html/?ar_id=NISX2016 0413_0014019324

24 〈중앙선거관리위원회 블로그(날씨는 투표율과 관계가 있을까요? 없을까요?)〉, blog. nec.go.kr/

25 진주원, 「'장미 대선' 여성 표가 결정한다」, 《여성신문》, 2017년 4월 3일. www. womennews.co.kr/news/113109

26 김희원, 「선관위 "20대 총선, 20~30대 전반 투표율 크게 증가"」, 《폴리뉴스》, 2016년 7월 6일. www.polinews.co.kr/news/article.html?no= 279586

27 고석용, 「[표] 20대 총선 연령별·지역별·성별 투표율」, 《the300》, 2016년 7월 4일. http://the300.mt.co.kr/newsView.html?no=2016070419087660830

28 오은환, 「지역사회 보건특성이 투표율에 미치는 영향」, 《대한보건연구》 42(3), 대한보건협회, 2016, pp. 67~75.

29 최한수, 「노무현 대통령 탄핵에 관한 소고」, 《대한정치학회보》 13집 3호, 대한정치학회, 2006, p. 107.

30 석진환, 「노무현 사례로 본 박근혜 탄핵 쟁점의 모든 것」, 《한겨레》, 2016년 11월 30일. www.hani.co.kr/arti/politics/assembly/772575.html

31 최한수, 「노무현 대통령 탄핵에 관한 소고」, 《대한정치학회보》 13집 3호, 대한정치학회, 2006, p. 98.

3장 정치의 결과 무엇이 도출되는가

32 정인홍, 「한나라, 의장 질서 유지권·직권 상정 요청」, 《파이낸셜뉴스》, 2008년 12월 28일. www.fnnews.com/news/200812281928026411?t=y

33 「김형오, 직권 상정 위해 질서 유지권 발동」, 《아시아경제》, 2009년 7월 22일. www.asiae.co.kr/news/view.htm?idxno=2009072214242325673

34 임채진, 「[기고] 정당 국고 보조 제도의 주요 쟁점과 개선 방향」, 《국회ON》, 2016년 4월 12일. www.naon.go.kr/content/html/2016/04/11/418abf6d-5e0d-4ca0-b0d4-ad39918a840a.html

35 진상현·김성휘·지영호·김태은, 「[런치 리포트] 정당보조금 문제 없나」,

《the300》, 2016년 2월 16일. http://the300.mt.co.kr/newsView.html?no=20160
21608537658913

36 임채진, 「[기고] 정당 국고 보조 제도의 주요 쟁점과 개선 방향」, 《국회ON》, 2016
년 4월 12일. www.naon.go.kr/content/html/2016/04/11/418abf6d-5e0d-
4ca0-b0d4-ad39918a840a.html

37 임상연·정영일·김태은, 「[런치 리포트] 유명무실 청원 제도」, 《the300》, 2016년
8월 11일. http://the300.mt.co.kr/newsView.html?no=2016081108487691450

38 〈국회 의안정보 시스템〉. http://likms.assembly.go.kr/bill/main.do

39 이성환, 「입법과정에 있어서 국민 참여」, 《법학논총》 21(2), 국민대학교 법학연구
소, 2009년, p. 158.

40 임상연·정영일·김태은, 「[런치 리포트] 유명무실 청원 제도」, 《the300》, 2016년 8
월 11일. http://the300.mt.co.kr/newsView.html?no=2016081108487691450

41 임상연·정영일·김태은, 「[런치 리포트] 유명무실 청원 제도」, 《the300》, 2016년 8
월 11일. http://the300.mt.co.kr/newsView.html?no=2016081108487691450

42 기획재정부 예산정책과(국회에서 확정된 2017년도 예산 주요 내용), 2016년 12월 3일.

43 손영일, 「국회 시정요구에도 되레 증액 … 통제 안 받는 기재부의 '성역'」, 《동아
일보》, 2016년 9월 19일. http://news.donga.com/List/EconomyCEO/3/0119/
20160919/80329187/1

44 이상준, 「경기 안 좋은데 … 로또 판매량은 사상 최대」, 《매일신문》, 2017년 1월
17일. www.imaeil.com/sub_news/sub_news_view.php?news_id=2730&yy=
2017

4장 정치의 미래 어떻게 주인이 될 것인가

45 김기성, 「민선 20년 용인시 역대 시장 5명 전원 '징역' … 비리로 얼룩진 지방자
치」, 《한겨레》, 2016년 4월 22일. www.hani.co.kr/arti/society/area/740906.ht
ml#csidxd4965799ec15a608a4fe239ace897da

46 정찬, 「[광역단체장 인터뷰] 김문수③ 지방자치는 2할 자치, 자치는 없고 지방선
거만 있다」, 《폴리뉴스》, 2013년 6월 7일. www.polinews.co.kr/news/article.
html?no=177951

47 지방자치발전위원회 편, 『한국지방자치 발전과제와 미래』, 박영사, 2016, p. 191.

48 이현숙, 「10년 동안 풀지 못한 과제 '지방일괄이양법'」, 《서울앤》, 2016년 9월 29
일. www.seouland.com/arti/society/society_general/1037.html

49 김병준, 「[김병준의 말] '자장면값' 우화로 본 누리과정」, 《이투데이》, 2016년 1월
12일. www.etoday.co.kr/news/section/newsview.php?idxno=1268376

50 이한선, 「전국에서 서울만 누리과정 예산편성 0원」, 《아주경제》, 2016년 2월 2일.
www.ajunews.com/view/20160202131732869

51 행정자치부, 「지방자치단체 통합재정개요」·「지방자치단체 예산개요」; 류영아, 「국
고보조사업 현황과 시사점」, 《지표로 보는 이슈》 81, 국회입법조사처, 2017, p. 3.

52 기획재정부 보조사업평가단, 「2017년 국고보조사업 연장평가 보고서」(국회 제출
용), 2017년 9월.

53 〈지방재정 365(2016) 자치단체 재정 자립도〉. http://lofin.mois.go.kr/websquare
/websquare.jsp?w2xPath=/ui/portal/gongsi/item/sd002_tg002.xml&ix_
code=A060

54 박신영·민지혜, 「"당선되면 몇 배는 뽑는다" … 후보들 공천 헌금은 '보험'」,
《한국경제신문》, 2010년 4월 24일. http://news.hankyung.com/article/
2010042344071

55 이진석 외 15인, 「중학교 사회 1」, 지학사, 2015, p. 193.

56 행정안전부, 「주민소환 운용현황」, 2017년 8월 4일. www.mois.go. kr/frt/bbs/
type001/commonSelectBoardArticle.do?bbsId=BBSMSTR_000000000050&n
ttId=59131

57 윤성효, 「주민소환 막는 법 개정, 서명·투표 요건 완화해야」, 《오마이뉴스》, 2017
년 2월 14일. www.ohmynews.com/NWS_Web/View/at_pg.aspx?CNTN_CD
=A0002298548

58 김민경, 「서울학생인권조례 주민발의 성사」, 《한겨레》, 2011년 5월 12일. www.
hani.co.kr/arti/society/schooling/477731.html#csidx483a6df9d0cbcf8b6904e
ea23657b37

59 서울특별시교육청 학생인권교육센터, 「서울학생인권조례」. http://studentrights.
sen.go.kr/contents/b21122.jsp

60 권순철, 「[표지 이야기] 주민 참여 빠진 '무늬만 참여예산제'」, 《주간경향》 1070,
2014년 4월 8일. http://weekly.khan.co.kr/khnm.html?mode=view&artid=20

1404011055571&code=113#csidx3e4832e13408fc1bd6d43dad83e099f

61 「서울시-복지부 '청년수당 논란'」,《쿠키뉴스》, 2016년 8월 16일. http://m. post. naver.com/viewer/postView.nhn?volumeNo=4812622&memberNo=500992 &searchKeyword=%EC%B2%AD%EB%85%84%EC%88%98%EB%8B%B9&se archRank=5

62 최형훈, 「'청년수당' 50만 원 반환해야 하나 … 결국 '법적분쟁'으로」,《한국정책 신문》, 2016년 8월 4일. http://m.post.naver.com/viewer/postView.nhn?volum eNo=4777502&memberNo=980781&searchRank=31

63 「박원순의 청년수당 vs 이재명의 청년배당」,《티타임즈》, 2016년 8월 10일. http://m.post.naver.com/viewer/postView.nhn?volumeNo=4810797&membe rNo=1736916&searchKeyword=%EC%B2%AD%EB%85%84%EC%88%98%EB %8B%B9&searchRank=7

64 김희주, 「복지부, "서울시 '청년수당' 부동의 … 무분별한 현금지급에 불과하다"」, 《더비즈니스》, 2016년 5월 26일. http://m.post.naver.com/viewer/postView.nh n?volumeNo=4777502&memberNo=980781&searchRank=31

65 「'청년수당' 등 각종 지원책, 근본적 해결책 아냐」,《한국정책신문》, 2016년 8월 30일. http://m.post.naver.com/viewer/postView.nhn?volumeNo=4939894& memberNo=980781&searchRank=28

66 이선민, 「미취업 청년에게 희망을」,《서울사랑》, 2017년 5월. http://love.seoul. go.kr/contents/detail.asp?strboardid=seoul_news_write&intSeq=4269&tr_ code=snews

67 조은희, 「서울시, '청년수당' 본격 시행 … 5,000명 월 50만 원 지원」,《뉴스한국》, 2017년 4월 26일. www.newshankuk.com/news/content.asp?fs=1&ss=3& news_idx=201704261643281760

68 Hobbes, T, *Leviathan*, London: A&C Black, 2006.

69 Rousseau, J. J., *The Social Contract & Discourses*, London: JM Dent & Sons, 1920.

KI신서 7512

정치는 잘 모르는데요

1판 1쇄 발행 2018년 6월 7일
1판 4쇄 발행 2024년 4월 1일

지은이 임진희, 김연수, 명형준, 여혜원, 장다예, 정윤주
펴낸이 김영곤 **펴낸곳** (주)북이십일 21세기북스

서가명강팀장 강지은 **서가명강팀** 박강민 서윤아
표지디자인 THIS-COVER **본문디자인** 푸른나무디자인(주)
출판마케팅영업본부장 한충희
마케팅2팀 나은경 정유진 백다희 이민재
출판영업팀 최명열 김다운 김도연 권채영
제작팀 이영민 권경민

출판등록 2000년 5월 6일 제406-2003-061호
주소 (10881) 경기도 파주시 회동길 201(문발동)
대표전화 031-955-2100 **팩스** 031-955-2151 **이메일** book21@book21.co.kr

(주)북이십일 경계를 허무는 콘텐츠 리더

21세기북스 채널에서 도서 정보와 다양한 영상자료, 이벤트를 만나세요!
페이스북 facebook.com/21cbooks **포스트** post.naver.com/book21
인스타그램 instagram.com/book_twentyone **홈페이지** www.book21.com

서울대 가지 않아도 들을 수 있는 명강의! 〈서가명강〉
네이버 오디오클립, 팟빵, 팟캐스트에서 '서가명강'을 검색해보세요!

ⓒ 임진희, 김연수, 명형준, 여혜원, 장다예, 정윤주, 2018
ISBN 978-89-509-7559-3 03300

책값은 뒤표지에 있습니다.
이 책 내용의 일부 또는 전부를 재사용하려면 반드시 (주)북이십일의 동의를 얻어야 합니다.
잘못 만들어진 책은 구입하신 서점에서 교환해드립니다.